Shengtai Xiuxian Tiyu Chanye
Yanjiu

生态休闲体育产业研究

秦 琴 施云洪 赵化斌 著

中央民族大学出版社
China Minzu University Press

图书在版编目（CIP）数据

生态休闲体育产业研究/秦琴，施云洪，赵化斌著.
北京：中央民族大学出版社，2024.6.（2025.9重印）
ISBN 978-7-5660-2370-4

Ⅰ.G812.4

中国国家版本馆CIP数据核字第2024VH3719号

生态休闲体育产业研究
SHENGTAI XIUXIAN TIYU CHANYE YANJIU

著　　者	秦　琴　施云洪　赵化斌
策划编辑	赵秀琴
责任编辑	艾　帅　高明富
封面设计	舒刚卫
出版发行	中央民族大学出版社
	北京市海淀区中关村南大街27号　邮编：100081
	电话：（010）68472815（发行部）　传真：（010）68933757（发行部）
	（010）68932218（总编室）　（010）68932447（办公室）
经 销 者	全国各地新华书店
印 刷 厂	北京鑫宇图源印刷科技有限公司
开　　本	787×1092　1/32　印张：3.75
字　　数	71千字
版　　次	2024年6月第1版　2025年9月第2次印刷
书　　号	ISBN 978-7-5660-2370-4
定　　价	26.00元

版权所有　翻印必究

前　言

　　大健康产业涵盖健康服务、健康管理、休闲健康等内容，已成为促进全球经济和社会发展的重要产业，该产业提供产、学、研产品与相关的休闲健康服务，对维护、改善及促进健康有着重大作用。本研究基于大健康产业背景，充分挖掘云南丰厚的生态休闲体育资源，采用田野调查、数理统计等研究方法，立足以自然生态体育和人文生态体育为发展基础的生态休闲体育产业，通过对滇中、滇东、滇西北及滇南地区的具体调查，分析了云南生态休闲体育产业的现状、发展优势以及不足，从而探索云南休闲体育产业的发展路径。研究认为：

　　大健康产业背景下，云南生态休闲体育发展的核心是生态休闲产业间的融合发展，实践路径则应以"顶层设计与制度保障"为起点。在顶层设计云南生态休闲体育产业融合发展战略选择的基础上，充分发挥农业生态旅游加生态休闲体育旅游的融合作用。进一步规划云南生态休闲体育产业融合发展的布局、丰富休闲产业的内涵，促进云南生态休闲体育产业融合发展的知识产权的法治建设，实现以体育赛事为特色的云南生态休闲体育产业融合发展业态创新，在此基础上畅通云南生态休闲体育产业融合发展人才培养的渠道,打造和优化"你我协同、互融合赢"的产业融合发展环境。

充分利用国家政策、道路交通、信息、农耕文化广场(中心)、农业生态中心、国家公园、农业公园、住宿餐饮等基础设施环境。结合区域自然地理环境、民族村寨文化、特色农林资源、民族传统体育文化,以"农业生态旅游+生态休闲体育旅游赛事""生态休闲体育旅游赛事+民族村寨+民族传统体育文化"等组织模式,创新协调农业生态制度和体育赛事制度,实施农业生态旅游和体育赛事的场地选择、赛事线路等产业发展规划。深挖地域民俗文化,如维西傈僳族自治县(简称"维西县")的傈僳族民族村寨文化、"阿尺目刮"传统体育文化,打造"地域农业+生态休闲体育旅游"特色品牌,形成主题鲜明的大区域特色品牌。

推动多业态融合视域下的运动休闲特色小镇建设。以运动休闲特色小镇为依托点,对传统业态的要素进行再挖掘、再改造,对创新业态的要素进行多业态融合创新,使之成为新业态综合体。发挥传统业态和创新业态的潜力和自身活力,选择独具特色的品牌进行多业态融合创新叠加,丰富运动休闲特色小镇体育品牌建设,促成各业态相互交叉、相互渗透。以改造"食和住"休闲体育环境,改革"行和游"休闲体育方式,扩展"购和娱"体育消费边界,改良"商与闲"休闲体育功能,完善"学与农"休闲体育教育，升级体育养生方式，革新"奇与险"休闲运动体验，开创"情与创"休闲体育生活等作为特色小镇创新发展的整体设计。

另外，本书图片均由作者拍摄提供。

目 录

1 绪论 ··· 001

1.1 研究缘起 ·· 001
1.2 研究目的与意义 ···································· 002
  1.2.1 研究目的 ······································ 002
  1.2.2 研究意义 ······································ 002
1.3 研究方法 ·· 003
1.4 概念背景 ·· 009
  1.4.1 大健康产业 ···································· 009
  1.4.2 生态休闲体育产业 ······························ 010
  1.4.3 大健康产业与生态休闲体育产业的关系 ············ 013

2 云南各区域生态休闲体育产业的发展现状 ·············· 016

2.1 滇中地区生态休闲体育产业发展现状 ·················· 017
2.2 滇东北地区生态休闲体育产业发展现状 ················ 025
2.3 滇西北地区生态休闲体育产业发展现状 ················ 031
2.4 滇南地区生态休闲体育产业发展现状 ·················· 040

3 云南生态休闲体育产业发展的优势与不足 ·············· 049

3.1 云南生态休闲体育产业发展的优势 ·············· 049
3.1.1 资源禀赋——以滇西北体育旅游资源开发为例 ·············· 050
3.1.2 市场条件 ·············· 055

3.2 云南生态休闲体育产业发展的不足 ·············· 056
3.2.1 发展结构有待继续平衡 ·············· 056
3.2.2 产业规模有待继续壮大 ·············· 056
3.2.3 产业制度有待继续完善 ·············· 057
3.2.4 品牌号召力有待继续提升 ·············· 057
3.2.5 专业管理人才有待进一步健全 ·············· 057
3.2.6 体育设施建设有待进一步增强 ·············· 057

4 云南生态休闲体育产业发展路径 ·············· 059

4.1 路径起点：顶层设计与制度保障 ·············· 059
4.1.1 顶层设计云南生态休闲体育产业融合发展的战略选择 ·············· 059
4.1.2 落地实施云南生态休闲体育产业融合发展的产品选择 ·············· 060
4.1.3 科学规划云南生态休闲体育产业融合发展的布局 ·············· 061
4.1.4 依法打造云南生态休闲体育产业融合发展的特色内容 ·············· 062
4.1.5 业态创新云南生态休闲体育产业融合发展的体育赛事 ·············· 063
4.1.6 渠道畅通云南生态休闲体育产业融合发展的人才培养 ·············· 065
4.1.7 着力优化云南生态休闲体育产业融合发展的环境 ·············· 066

4.2 融合发展:"体旅""农旅"相交融 ········· 068
4.2.1 农业生态旅游资源的分类 ········· 068
4.2.2 生态休闲体育旅游资源的分类 ········· 070
4.2.3 生态休闲体育产业"体旅与农旅"融合发展的内涵 ········· 072
4.2.4 生态休闲体育产业"体旅与农旅"融合发展的机理 ········· 075
4.2.5 生态休闲体育产业"体旅与农旅"融合发展的途径 ········· 077
4.3 创新发展:多业态融合视域下的运动休闲特色小镇建设 ········· 081
4.3.1 云南生态休闲体育产业多业态融合创新发展的思路 ········· 082
4.3.2 多业态融合创新视域下的特色小镇建设 ········· 085
4.3.3 特色小镇创新发展的整体设计 ········· 086

5 未来展望 ········· 096
5.1 转变云南生态休闲体育产业的发展观念 ········· 096
5.2 创造具有云南民族特色的新兴生态休闲体育产业 ········· 097
5.3 加强云南生态休闲体育产业的专业队伍建设 ········· 097
5.4 拓宽和引导生态休闲体育产业的宣传渠道 ········· 098

参考文献 ········· 099

1 绪论

1.1 研究缘起

党的十八大以来，随着《体育发展"十三五"规划》《全民健身计划（2016—2020）》《"健康中国2030"规划纲要》等一系列国家战略的提出，全国各地的大健康产业步入了发展的快车道。大健康产业即围绕人的衣食住行、生老病死，对生命实施全程、全面、全要素呵护，既追求个体生理、身体健康，也追求心理、精神以及社会、环境、家庭、人群等各方面健康的产业。随着生活质量的提高，人们的健康意识也开始增强，休闲体育由此步入视野，并日益成为一种重要的生活方式，为大健康产业的发展形成了助推。2015年1月，习近平总书记在云南考察时，要求云南把生态环境保护放在更加突出的位置，成为生态文明建设排头兵。总书记的讲话深刻揭示了生态环境对于云南发展的重要性，为全省休闲体育产业进一步找准定位、突出优势、跨越发展指明了方向。

云南是我国西南少数民族聚集的省份，具有丰富的自然资源和人文资源，有着开展生态休闲体育活动的独特优势，如拥有寒、温、热带遍布的立体气候，多数城市四季如春，有雄伟壮丽的山川，有蔚为壮观的山林峰洞和江河湖瀑，有绚丽多彩的民族民俗风情。因此，有必要在大健康产业背景下就云南省生态休闲体育产业路径进行深入研究。

1.2 研究目的与意义

1.2.1 研究目的

本研究运用生态学、休闲学、旅游学、体育学等理论及多学科交叉的方法，提炼生态休闲体育产业等概念，在梳理云南生态休闲体育产业发展现状的基础上，基于大健康产业背景，从"体旅"和"体农"融合发展的两个层面进行实证，尝试构建云南生态休闲体育产业的发展路径。

1.2.2 研究意义

1.2.2.1 理论意义

运用生态学等相关理论和方法，探索并形成有关云南休闲体育产业和生态文明建设相交叉的学术成果；从一个全新的视角正确认识、剖析大健康产业背景下云南生态休闲体育产业发展路径，丰富大健康产业的理论体系；结合"大数据""互联网+"等新理念，在"大健康产业""生态文明排头兵"等新思路引领下，总结提出云南生态休闲体育产业发展的总目标，找出资源辐射东亚东南亚的重要途径，为我国体育产业发展提供重要的理论指导，因而具有一定的学术价值。

1.2.2.2 实践意义

对我国休闲体育产业发展现状、趋势、存在问题及对策三个方面进行系统、合理分析，紧密联系目前休闲体育产业转型升级的实际情况，力求探索一条具有云南特色的生态休闲体育产业道路。

1.3 研究方法

（1）文献资料法。根据研究需要，查询大健康产业、体育产业、休闲体育产业、生态体育、生态文明建设等相关书籍、相关论文及国家与地方有关政策与行动，然后进行归纳整理，旨在准确把握休闲体育产业生态性发展的特点及现状，以提出合理的大健康产业背景下云南生态休闲体育产业发展的方案与策略。

（2）专家访谈法。根据课题需要，针对目前云南休闲体育产业发展现状和未来发展趋势、方向等问题，对云南省体育局、昆明市体育局、云南省部分高校的专家学者、教授进行走访和电话访谈，以期得出公正合理的结论。

（3）田野考察法。根据《旅游资源分类、调查与评价》（GB/

T18972—2017），并结合前人对旅游资源评价理论与实践的研究成果，建立起生态休闲体育旅游资源调查表，对生态休闲体育旅游资源进行调查。通过与国内其他地区休闲体育产业发展现状的对比和分析，加强对云南生态休闲体育产业资源的调查，归纳和统计出云南省生态资源类型，详见表1-1。

表1-1　生态休闲体育资源统计基本类型

主类	亚类	基本类型
生态休闲体育自然资源	山体资源	山地、山峰、峡谷、峰林、洞穴等
	水体资源	河流、瀑布、湖泊、温泉等
	生物资源	森林风光、草原风光、古树名木、珍稀动植物等
	大气资源	云海、雾海、天象胜景等
	宇宙资源	太空、星体、天体观测等
生态休闲体育人文资源	历史资源	古人类遗址、古建筑、古城镇、石窟岩画、古代伟大工程等
	民族民俗类资源	民族风情、民族建筑、社会风尚、传统节庆、起居服饰、特种工艺等
	宗教资源	宗教圣地、建筑、文化现象等
	园林资源	湿地、林地、草地
	体育赛事	中国生态四项公开赛、山地越野马拉松、户外攀岩

（4）ArcGIS地图空间表达法。运用Google地图等确立景点的地理位置，综合有关资料，初步统计旅游景点；通过认真甄

选、吸纳当地旅游局的人士和有关院校导师的建议选取具有代表性和概括性的旅游景点。运用ArcGIS10.0以滇西北地区行政区划图和交通网图及滇西北4个地级市和县旅游景点分布图为基础数据进行空间叠合，并建立滇西北体育旅游资源空间数据库，并对数据属性进行分类（山体、水体、生物、大气、宇宙、历史、民族民俗、宗教、园林及体育赛事资源）、编码（Ⅴ级、Ⅳ级、Ⅲ级、Ⅱ级、Ⅰ级），反映研究区体育旅游资源等级评价的空间分布特征。评价结果计算采用罗森伯格-菲什拜因数学模型：

$$E = \sum_{i=1}^{n} Q_i P_i \quad (1)$$

式中：E为体育旅游资源综合评价值；Q_i为第i个评价因子权重值；P_i为第i个评价因子的评价等级分值；n为评价因子的数目。

（5）数理统计法。制定景区（景点）模糊评价打分问卷，对每个景区（景点）给出一一对应的等级赋分。邀请旅游和体育两个专业的专家共5人对主要景区（景点）分项模糊打分，得出每个景区（景点）的综合评价值，根据综合评价得分，按照体育旅游资源综合评价原则，将体育旅游资源划分为5个等级。编制计算方法，得出体育旅游资源的集聚度、优势度、规模度、开发潜力等指数，最终呈现研究区体育旅游资源开发潜力的评价等级。每个景区（景点）的综合评价值运用以下数学模型计算得出：

$$C_i = \sum_{i=1}^{n} S_{ij} \cdot W_j \qquad (2)$$

式中：C_i为第i个评价景区（景点）的综合得分，S_{ij}为第i个评价景区（景点）在第j个评价因子的模糊系数，W_j为第j个评价因子的权重值。

五级（Ⅴ）体育旅游资源，得分90及90以上，为"特品级体育旅游资源"，划分为罕见。四级（Ⅳ）体育旅游资源，得分75～89，为"极品级体育旅游资源"，划分为开发价值巨大。三级（Ⅲ）体育旅游资源，得分60～74，为"优质级体育旅游资源"，划分为开发价值很大。二级（Ⅱ）体育旅游资源，得分45～59，为"良好级体育旅游资源"，划分为开发价值较大。一级（Ⅰ）体育旅游资源，得分30～44，为"普通级体育旅游资源"，划分为开发价值一般。

聚集度指数反映了体育资源个体空间分布聚集程度，是个体关联程度大小的重要体现，是衡量资源单体在空间上纵向排列所产生的屏蔽效应的重要指标。将相关景区（景点）抽象为点状要素，在ArcGIS10.0中建立经纬度图形数据库，测算出体育旅游资源类型中各景区与最邻近景区之间的直线距离，代入式（3）计算出滇西北体育旅游资源的Ⅴ级、Ⅳ级以上和Ⅲ级以上的聚集度指数R_i。

最邻近点指数计算公式：

$$R_i=\frac{\bar{r_1}}{\bar{r_e}}=2r_1\sqrt{D} \qquad (3)$$

式中：$\bar{r_1}$ 为最邻近点之间的距离的平均值；$\bar{r_e}$ 为理论最邻近距离，D 为点密度。

$$\bar{r_e}=\frac{1}{\left(\sqrt{n/A}\right)}=\frac{1}{\left(2/\sqrt{D}\right)} \qquad (4)$$

式中：A 为区域面积；n 为景区点数。

当 $R_i=1$ 时，表明体育旅游资源在分布上呈随机状态；当 $R_i>1$ 时，表明单体关联程度趋于均匀分布；当 $R_i<1$ 时，表明景区呈现凝聚状态、空间屏蔽效应或竞争效应就越大。

优势度指数是表示高层次体育旅游资源在更高层次资源中的地位指标。它表明体育旅游资源组成在该类体育资源类型中的支配程度。计算公式为：

$$S_i=\frac{H_i}{N} \qquad (5)$$

式中：S_i 为某类体育旅游资源的优势度指数。H_i 为某类高级别的体育旅游资源单体数量；N 为体育旅游资源的单体总数。S_i 越大，代表某类体育旅游资源的优势度越大，反之则越小。

规模度指数是指单位面积内体育旅游资源的个体数量，表述个体在单位空间分布的体育旅游资源的数量，其值越大，表明规模就越大。计算公式为：

$$D_i = \frac{M_i}{S_i} \quad (6)$$

式中：D_i为体育旅游的规模度指数；M_i某类资源单体个数；S_i为某类体育旅游资源的优势度指数。D_i越大，则某类体育旅游资源单位面积内单体数量就越多，规模就越大，反之就越小。

体育旅游资源整体开发潜力的大小决定资源规模大小和集聚程度的强弱，并由体育旅游资源的规模度、集聚度和优势度等因素共同作用。区域内的体育旅游资源群的集聚度指数越小，则集聚度越大，单体间关联度越强。规模度指数越大，单位面积内的体育旅游资源单体数量越多。单体数量越多，则体育旅游资源的市场知名度越高，市场开发潜力就越大。因此，体育旅游资源的整体开发潜力可用公式表示：

$$P_i = \frac{S_i + D_i}{R_i} \quad (7)$$

式中：P_i为第i类体育旅游资源的开发潜力；R_i为第i类体育旅游资源集聚度指数；S_i为第i类体育旅游资源优势度指数；D_i为第i类体育旅游资源规模度指数。

就某个资源单体而言，其市场潜力与整体恰好相反。某类体育旅游资源集聚度越高，资源间替代性越高，空间竞争就越强。体育旅游资源优势度越高，资源间竞争作用和屏蔽程度就越大。点密度越大，则体育旅游资源空间竞争越大，开发潜力就越小。因此，体育旅游资源个体单元开发潜力为体育潜力的反比例函数：

$$P_i = \frac{R_i}{S_i + D_i} \qquad (8)$$

1.4 概念背景

1.4.1 大健康产业

大健康产业是指以维护、改善、促进与管理健康，预防疾病并提供产、学、研产品与相关健康服务为目的的行业总称。2013年《国务院关于促进健康服务业发展的若干意见》指出，健康服务业要以维护和促进人民群众身心健康为目标，到2020年基本建立覆盖全生命周期、内涵丰富、结构合理的健康服务业体系，打造一批知名品牌和良性循环的大健康产业集群，形成一定的国际竞争力，基本满足广大人民群众的健康服务需求，成为推动经济社会持续发展的重要力量。当前，业内人士普遍认为，狭义的健康产业一般是指经济体系中向患者提供预防、治疗、康复等服务部门的总和。对应人类面临的不同健康问题，可以分为治疗服务、康复服务、长期护理服务、辅助性服务、药品和医疗用品零售服务、预防服务等。广义的健康产业既包括狭义的内容，也包括对健康人群提供保健产品和保健服务的经济活动。遗憾的是，世界上还没有一致的大健康产业统计指标口径。有诸多学者认为，大健康产业是指与身心健康相关的产业体系的总体。如有机农业、有机食品业、健康用品业、体育健身业、旅游业等与健康直接或间接相关的产品批发、零售和租赁服务等行业，也指出健康产业同时涉及健康产业和健康事业两种经济活动。

综合国内外研究，对大健康产业的划分形成了以下3种：（1）把与健康有关的有机农业、有机食品业、健康用品业、体育健身业、旅游业都纳入健康产业内涵，大健康产业是围绕满足身心健康和环境健康需求的所有经济活动的总称。（2）基于产业上下游关系，把医疗前、医疗中和医疗后的经济活动作为划分依据。（3）从服务类型视角将健康产业分为医疗性和非医疗性服务两大类，并在此基础上进行细分。综上可知，休闲体育产业是一种满足人们身心健康的体育健身活动，具有非医疗性服务的性质，帮助人们以运动的形式康复身体，与大健康产业划分的属性有着密切的联系、互为相依。

1.4.2 生态休闲体育产业

休闲体育产业是休闲产业的一个组成部分，其内涵既与休闲产业部分内容重叠，又与休闲产业部分内容相区别。有学者将休闲体育产业定义为：休闲体育产业是指那些为满足人们休闲体育消费而提供的产品和服务组织的集合。这一概念包括以下几个部分。休闲体育用品产业主要是指为了实现休闲体育活动的开展，而生产休闲体育设备设施如服装鞋帽等用品的组织集合。休闲体育服务产业由体育赛事产业、休闲健身产业和体育旅游产业构成。体育赛事产业是指那些为了满足人们休闲体育需求而提供体育竞赛表演观赏型产品的组织集合。体育旅游产业是指那些为了满足人们休闲需求而提供以体育运动为主要内容的旅游产品的组织集合。休闲健身产业是指为了满足人们体闲健身的需求而提供各种体育健身产品与服务的组织集合。

生态休闲体育产业作为一个新兴的体育产业，国内和国外在此领域的研究都尚未成熟，现有研究主要针对生态休闲体育产业本身的人文价值、社会价值进行分析阐述，总体的研究水平参差不齐，地域差异较大，未形成发展生态休闲体育产业的自上而下的合力，为解决生态休闲体育产业发展问题的研究更是凤毛麟角，提出的措施和建议缺乏针对性，不够全面和具体。邓跃宁、陶慧林、黎勤、王晖等人在《生态体育的发展对策》一文中论述了人民对于"绿色运动"的青睐促进了我国生态体育的开展，打造生态城市和生态社区奠定了生态体育发展的物质基础。杨铁黎、苏义民在《休闲体育产业概论》一书中从社会需求和供给方面论述了我国休闲体育产业的发展，他们认为制约休闲体育产业的因子有：人们的现代消费价值观、消费者规模、居民收入和余暇时间，市场经济体制（前提条件）、休闲体育市场法制、管理体制，体育市场发展环境、社会投资、国际体育企业间的交流合作、体育产业资源整合。孙晓宇在《国内休闲体育产业研究现状综述》一文中对制约我国休闲体育产业发展的因素做了全面的总结与分析，他认为影响我国休闲体育产业发展的因素有薄弱的基础理论研究、现有的研究成果缺少独创性、对影响休闲体育产业发展的本质问题的探讨较少、对体育产业的动态分析不足。孙宗伟、郭同兵在《我国休闲体育产业发展研究》一文中阐述了当前我国休闲体育产业的发展与不足，认为当前国内休闲体育产业发展过程中的主要问题有：休闲体育产业资源市场化程度较低，国内的媒体资源开放程度低。国内主要从休闲体育产业的基础理论、发展进程、现状、存在的问题、特征及发展趋势等方面对其进行总的概论分析。文红梅在《城郊生态休闲体育产业发展的驱动力研究》中阐述了城郊休生态休闲体育产业是实现可持续发展的一种实践手段，她认为城郊休闲生态体育产业的驱动因子主要有：消费者的需求、政府的宏观调控、资源开发、人与自然的和谐程度等。目前，我国休闲体育产业的发展存在较多的瓶颈，在理论研究方面还落后西方国家，总体的研究还不够全面、具体和深入。

从休闲体育产业的构成我们可以看出，生态休闲体育产业是休闲体育产业的一个组成部分，即为一个基础的部分，生态休闲体育产业既与休闲体育产业交叉，又与生态体育相关的领域交叉，所以生态休闲体育产业是指为了满足人们在自然环境里进行体育休闲而提供相关的场地和服务组织的集合。生态休闲体育产业的发展是在无污染、零排放，是在特定的区域空间里形成以社会、休闲、体育产业三者为一体的一个特殊的结合，并在形成过程中充分利用了原始生态资源和社会资源、经济资源等（见图1-1）。

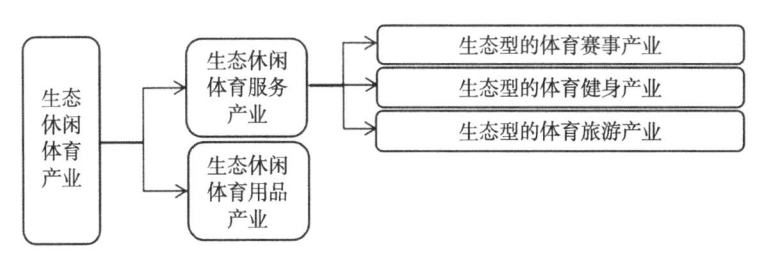

图1-1 生态休闲体育产业结构图

1.4.3 大健康产业与生态休闲体育产业的关系

发展健康产业是提高经济发展质量和效益的现实选择。在此背景下，中国印发了《"健康中国2030"规划纲要》，提出将"健康中国"上升为国家战略，要求建立体系完整、结构优化的健康产业体系，形成一批具有较强创新能力和国际竞争力的大型企业，使健康产业成为国家支柱型战略产业。规划纲要提出医疗机构、健身休闲运动产业、医药产业是发展健康产业的主要部分，并提出健康要与养老、旅游、互联网、健身休闲、食品相融合，催生新产业、新业态、新模式的目标。国内很多地方出现的一种新业态"休闲体育"，是以体育资源开发为主要内容，融入旅游、休闲、医疗、度假、娱乐、运动、养生、养老等健康服务新理念，形成一个多元组合，产业共融、业态相生的综合体，这是我国大健康产业的新模式、新业态、新创意，不仅符合习近平总书记的系列讲话精神，而且对于扩大内需、增加就业、拉动经济也是一个新的着力点。

1.4.3.1 生态休闲体育产业发展与大健康产业的方向耦合

生态休闲体育产业应充分利用原生态环境、乡土文化等原生态资源与休闲体育等进行互补与共生，在生态环境承载能力内发展休闲体育，做到无污染、零排发，缓解资源供求压力。它是在特定三维地域空间内形成产业、休闲体育、社会三者之间的耦合，以促进城郊生态休闲体育发展。其在不断发展和变化中，衍生出一个崭新的生态休闲体育产业链；在人们对其有形干涉的生态性体育产业发展模式过程中，逐渐产生既具有乡村的纯朴自然环境与原生态的乡土风情，又有现代都市文明的产业介质，这些内在的耦合演变过程是生态休闲体育产业发展的推手。

1.4.3.2 生态休闲体育产业发展的原生方向是大健康的题中应有之义

休闲体育产业的本土性包括生态和资源的原生性、休闲体育活动过程的参与性、风俗民情和生活方式的乡土性。本土性是休闲体育产业生态化发展的主要因素，其本质是向人们提供一个乡村地域活动和生态生活的多维空间。城市居民看重的是城郊的生态环境、纯朴的乡村乡风、丰富多彩的健身休闲活动,他们既可以借此摆脱城市的喧嚣、修身养性,还能攀登山峰、在水中畅游,锻炼身体,乃至能租下田地,体验农耕生活。休闲体育产业的生态化将体育活动、乡村特色以及自然生态三个因素进行有机结合,集旅游、玩耍、锻炼、学习于一身,弥补城市的功能不足。因此,在生态休闲体育产业的发展过程中,应保留城郊的原生态,重点关注休闲体育的基础设施和生态建设方面。

1.4.3.3 生态休闲体育产业发展拓展了大健康的维度和方向

生态休闲体育产业,既有当代生态休闲领域的领先硬件和观念,又符合体育产业的良性发展规律。因此,发展生态休闲体育产业要充分利用独特的生态环境,开创新的品牌,开发有特色的生态休闲体育品牌。在产业的品牌上要注重多种方式的区分,以便体现出不同层级的不同需求,加强品牌思维,经营要注重品牌引导方向,把重点放在生态休闲体育品牌的外在形象的构造上,利用好产业融合的大环境,使品牌拥有自己的独特特点,在激烈的市场竞争中找到自己的优势。一方面,通过品牌效应吸引受众注意力,增加受众流量;另一方面,当品牌具有一定的影响力之后,品牌自身的价值就会给当地带来不菲的收入。

2 云南各区域生态休闲体育产业的发展现状

云南是旅游大省，已成为全国旅游业规模最大、旅游经济发展规模最大的省份之一，昆明到大理、丽江、瑞丽、临沧机场旅游专线的开通，使云南初步形成旅游与体育、休闲、购物、交通为一体的生态休闲体育产业综合产业。独特的气候条件、人文风情以及优越的地理条件造就了云南在生态休闲体育产业方面的快速发展，生态休闲体育成了人们眼中好的休闲方式，少数民族风情旅游和植物观光旅游成为云南经济新的增长点，以户外拓展、野营、攀岩、远足、越野定向、健身服务业等为主的产业项目多点开花，方兴未艾。目前，云南开展生态休闲体育产业多集中于丽江、昆明、文山、西双版纳、大理等地区。

为全面了解云南生态休闲体育产业现状，笔者通过对云南生态休闲体育产业进行调查，分析得出了云南生态休闲体育产业的主要特征以及分布地区和分布的密集程度。

2.1 滇中地区生态休闲体育产业发展现状

云南省位于我国的西南边陲，气候条件属于亚热带季风气候，这塑造了当地得天独厚的宜人的四季，适合全年开展户外运动，适合徒步旅行、露营、骑行、垂钓运动的开展。滇中地区包括云南中部的昆明、楚雄和玉溪，位于全国"两横三纵"城市化战略格局中。该地区以昆明为中心，昆明三面环山，南临滇池，西山风景优美（见图2-1），气候属于低纬度高原山地季风型。作为云南省省会，昆明在铁路、航空以及公路运输等方面相对于全省其他市（州）发达，这给当地发展生态休闲体育带来了巨大便利。在昆明周边，有著名的旅游观光胜地——石林自然风景区（见图2-2）、轿子雪山（见图2-3）、东川大牯牛山（见图2-4）。如此得天独厚的地理条件极大地促进了攀岩、野营、野炊、自然观光项目的推广，带动了昆明市的经济增长，促进了当地人与自然的和谐发展。据统计，在昆明市经营休闲体育产业的有关俱乐部或公司共有17家（见表2-1）。

图2-1 昆明西山景区

图2-2 石林自然风景区

图 2-3　昆明轿子雪山

图 2-4　昆明东川大牯牛山

表 2-1 经营休闲体育产业的有关俱乐部或公司

序号	名称	分布地点	经营项目
1	昆明蜂鸟运动有限公司	经济技术开发区	骑行、户外拓展、攀岩、远足、野营、垂钓、真人CS、场地出租、摄影
2	昆明指北针户外运动俱乐部	五华区	骑行、远足、野营、拓展、登山、垂钓、真人CS、定向、定向越野、观光摄影
3	云南葵花户外运动有限公司	北京路575号	骑行、远足、野营、拓展、登山、垂钓、真人CS、定向、定向越野、观光摄影
4	云南驼峰跳伞俱乐部	昆明西山区	定向越野,拓展、跳伞、登山、垂钓、野营等各种户外培训、场地出租、观光摄影
5	云南旅游季户外运动俱乐部	昆明西山区万达广场	骑行、户外拓展、登山、悬崖、场地出租、垂钓、观光摄影
6	云南顶峰户外运动有限公司	昆明	登山、攀岩、悬崖速降、野外露营野炊、定向运动、拓展、摄影
7	展途户外俱乐部	昆明五华区	徒步、探险、城市定向越野、登山
8	云南白合户外健身有限公司	昆明明通路	登山、攀岩、悬崖速降、野外露营、野炊、定向运动、骑行、场地出租、真人CS、拓展、垂钓、观光摄影
9	蜗牛户外骑行	盘龙区西南林业大学	骑行、自行车出租、场地出租
10	云南雪狼户外运动有限公司	昆明	骑行、野营、远足、定向越野、野炊、攀岩、真人CS、场地出租、垂钓、拓展

续表

序号	名称	分布地点	经营项目
11	沿途户外俱乐部	昆明市西园北路291号	徒步远足、骑行、野炊、定向越野、攀岩、自驾游、野营、野炊、观光摄影、拓展
12	顺途户外	昆明市白塔路202号	登山、攀岩、悬崖速降、野外露营、野炊、定向运动、溪流、探险、拓展、垂钓
13	AA户外运动体验馆	昆明市青年路61号	骑行、徒步远足、攀岩、登山、拓展、场地出租、培训、真人CS、垂钓、摄影
14	天牛户外俱乐部	昆明市戛纳小镇商铺C-14	摄影观光、远足、野炊、野营、攀岩、拓展、骑行、场地出租、摄影
15	积家自行车户外运动俱乐部	昆明市六甲路附近	骑行、户外拓展、场地出租、登山、远足、攀岩、野营、垂钓、真人CS、摄影
16	云南劲驴户外俱乐部	昆明市博海路附近	登山、攀岩、野炊、野营、垂钓、拓展、观光摄影
17	东川户外运动俱乐部	东川区	拓展、攀岩、登山、野营、野炊、骑行

由以上调查可见，昆明的户外俱乐部开展项目较广，有骑行、跳伞、户外拓展、攀岩、探险、徒步远足、野营和野炊、登山、垂钓、真人CS、观光、摄影、培训、场地出租、自驾游等共125项。其中，骑行运动13项，占比10.4%；拓展运动14项，占比11.2%；攀岩运动13项，占比10.4%；徒步和远足运动9项，占比7.2%；野营运动13项，占比10.4%；登山运动11家，占比8.8%；垂钓10项，占比8%；真人CS6项，占比4.8%；场地出

租11项，占比8.8%；野炊9项，占比7.2%；观光摄影12项，占比9.6%；自驾游和跳伞各1项，占比均为0.8%；培训2项，占比1.6%（见表2-2）。

表2-2 经营休闲体育产业有关俱乐部或公司的主营项目统计

名称	拓展	骑行	攀岩	徒步和远足	野营	野炊	登山	垂钓	真人CS	场地出租	观光摄影	自驾游	跳伞	培训
个数	14	13	13	9	13	9	11	10	6	11	12	1	1	2
占比（%）	11.2	10.4	10.4	7.2	10.4	7.2	8.8	8	4.8	8.8	9.6	0.8	0.8	1.6

从赛事网查阅昆明市2012年—2017年昆马赛事可见，在昆明市举办的昆马赛中，参加人数每年都呈上升趋势，参与的国家也在逐渐增多，连续几届昆马赛的举办使昆明市在相关领域的影响力在不断提升，展示了其"多彩花都，魅力春城"的城市面貌，彰显了当地独特的人文历史及最新的城市建设成果（见表2-3）。

表2-3 昆明举办休闲体育赛事（昆马赛）参赛人数统计表

项目	时间	参赛人数	参与人数	参与国家	赛制标准
半马	2012年12月20日	244人	5000人	9	铜牌赛制
半马	2013年5月25日	529人	10000人	10	铜牌赛制
半马	2014年5月25日	1480人	10000人	19	铜牌赛制
半马	2015年8月30日	3132人	15000人	20	银牌赛制

续表

项目	时间	参赛人数	参与人数	参与国家	赛制标准
半马	2016年2月28日	7000人	18000人	28	银牌赛制
上合昆马	2017年12月31日	7500人	20000人	29	银牌赛制

而与昆明同属滇中地区的楚雄，由于地方民族文化特色突出，近年来休闲体育产业发展迅速。楚雄彝州之巅百草岭（见图2-5）登山大会入选"2018中国体育旅游精品赛事"。正是这一优势，为楚雄吸引了众多国内外休闲体育爱好者，下一步楚雄将以基础条件好、带动作用强的区域为重点，培育形成以

图2-5 楚雄彝州之巅百草岭

楚雄市为核心的健身休闲服务产业经济圈、楚雄市—南华—姚安—大姚体育产业带、永仁—元谋—武定—禄丰体育旅游发展带、楚雄市—双柏—牟定山地户外运动带4个健身休闲产业集聚区。

滇中地区的玉溪在构建宜居生态城市的过程中进行了较为合理的调控设计与规划整合,为休闲体育产业发展提供了动力和契机。玉溪借助独特的山水生态环境对潜水、旅游、山地户外等休闲体育进行开发整合,如以抚仙湖、异龙湖、磨盘山国家森林公园、哀牢山国家森林公园等优质山水资源,打造了山水户外运动聚集地。开发的休闲体育项目也别具特色,如抚仙湖(见图2-6)的潜水、旅游、环湖自行车运动;哀牢山国家森林公园的山地户外运动等。此举不仅整合了玉溪的生态环境优势,也极大地拓展了休闲体育产业的空间。2017年5月5日,WUFC世界搏击王格斗联赛玉溪"搏击王"在玉溪开打,来自12个国家的300多名优秀搏击格斗运动员参赛,这也是玉溪在生态休闲体育产业方面打出的另一片新天地。2017年9月5日,在玉溪抚仙湖嘉年华中,玉溪市依托"体育+旅游"的模式挖掘了体育和旅游的发展前景。其中以"水"为主,依托抚仙湖水资源优势,开发建设健步走、海上垂钓、沙滩排球、沙滩露营帆船、游泳、环湖骑行、跑步等运动休闲旅游产品,为玉溪的休闲体育产业发展打下了一定的基础。

图 2-6　玉溪抚仙湖

2.2 滇东北地区生态休闲体育产业发展现状

滇东北地区休闲体育产业现状调研以曲靖和昭通全部地区展开。曲靖和昭通是多民族杂居地区，居住着汉、彝、回、壮、苗、布衣、瑶、水 8 个民族。云南省内唯曲靖独有的水族姑娘小伙"赶表""走寨"，为旅游者平添了无限情趣。另外，还有寻甸柯渡河畔的回族"开斋节""古尔邦节"，师宗五龙河畔壮族的"浪哨"高腔，罗平八大河畔布依族的"三月三"歌会，马龙、沾益等地苗族的笙望舞，宣威群众的"采花山"，麒麟区红土墙彝族的"火把节"，陆良彝族撒尼人的大三弦以及遍及各地的民间舞龙灯、舞狮、踩高跷，也成为滇东北休闲体育产业的亮点。

近年来，曲靖依托滇东北良好的区位优势、温润宜人的气候条件，全力打造国际高原体育城，在全省文化体育产业项目及全民健身活动推广中成绩斐然（见图2-7、图2-8、图2-9）。"十二五"期间，在全省各州市的横向对比中，曲靖的休闲体育产业发展一度居于末位。今非昔比，当下的曲靖在顶层设计、机制创新、赛事举办、融合发展等多方面走在了全省前列，探索出卓有成效的"曲靖模式"，大踏步走在国际高原体育城的美好征程上；初步形成具有滇东特色的休闲体育旅游产业，打造和提升了"七彩云南罗平国际自行车节""七彩云南师宗凤凰谷·菌子山户外越野挑战赛""七彩云南曲靖市元旦穿城长跑活动"等品牌赛事活动；充分利用曲靖成为"国家园林城市"和"国家卫生城市"的优势条件打造全国全民健身健步走活动，在"全民健身日"、重大节假日等时间节点，组织、策划群众性、国际化全民健身品牌赛事活动，在推动旅游业的同时也为休闲体育产业发展找到了一些发展方向。

同属滇东北地区的昭通属于典型的山地构造地形，该类山地垂直高度大，地形起伏大，形成雄、奇、险、秀等美学观赏价值（见图2-10、图2-11）。如大山包黑颈鹤自然保护区、小草坝风

图 2-7　罗平县九龙瀑布

图 2-8　师宗县凤凰谷

图 2-9　宣威尼珠河峡谷

景名胜区、罗汉坝原始森区、两合岩风景区、观斗山、铜锣坝国家森林公园、天星国家级森林公园、三江口自然保护区和青龙洞峡谷溶洞区等，是开展登山探险、载人热气球、翼装飞行、低空跳伞、滑翔伞、滑草、攀岩、骑马、骑行、徒步旅行、房车自驾营地、野炊、户外露营、避暑休闲等体育旅游项目的绝佳场所。

昭通的水域资源有江河、瀑布、湖泊和温泉。绥江县在龙湖连续举办多届中华龙舟公开赛，在这里还可以开展划水、划船、皮划艇等项目。大关黄连河景区，以千姿百态、美丽壮观的瀑布群为主要特色，是开展划水、漂流、徒步旅游、探险、露营、定向运动和度假疗养的胜地。盐津白水江，县境内流程30公里，常年流量769立方米/秒，最枯流量12.5立方米/秒，是漂流的绝佳场所。西部大峡谷花海温泉养身旅游区，可开展运动休闲、温泉疗养、游泳、徒步、划水和度假疗养。景风公园四周山体环绕、森林葱郁、水源丰富，可将其建成集观光旅游、休闲度假、垂钓、健身、游泳、划船等于一体的综合性公园。昭通举办过多项体育赛事，如昭通大山包国际翼装世界杯大赛、水富国际半程马拉松、中国龙舟公开赛（云南绥江站）、2016中国昭通西部大峡谷（温泉）杯·全国击剑冠军赛（第一站）、云南绥江全国野钓邀请赛、云南省第8届少数民族传统体育运动会和盐津山地自行车赛等。昭通大山包国际翼装世界杯大赛在第2届期间，还举办了中国昭通大山包热气球挑战赛、低空跳伞定点赛及风洞表

图2-10 大山包国家公园

图2-11 鲁甸县轿顶山景区

演、热气球飞行体验和翼装飞行表演及房车露营活动等。水富国际半程马拉松已连续举办5届，国内影响力也在逐年增大。中国龙舟公开赛（云南绥江站）也连续举办多届，已成为我国龙舟公开赛的稳定站点。

2.3 滇西北地区生态休闲体育产业发展现状

滇西北泛指大理、丽江、迪庆、怒江、临沧等地区。

大理地处于云贵高原和横断山脉交叉处，地貌复杂多样，海拔悬殊，独特的自然风貌吸引了众多游客前来参观，这使得大理在生态休闲体育产业得到快速发展，一些户外运动也在快速形成新的休闲体系。户外运动俱乐部大多以开展自然风光摄影、野营野炊、自驾游、登山等活动为主，以及开展一些新潮的户外运动，比如山地自行车越野、自行车环海、乘坐热气球等（见表2-4）。

表 2-4 大理经营休闲体育产业的有关俱乐部或公司

序号	名称	分布地点
1	大理户外运动俱乐部	大理白族自治州苍山路 26 号
2	生活无限户外运动超市	大理白族自治州泰安路 37 号州体育场
3	大理登山户外运动协会	大理白族自治州西屏路
4	大理州旅游自驾车户外运动俱乐部	大理白族自治州学府路 28 号
5	大理古城林园户外运动俱乐部(户外青旅)	大理白族自治州古城东门村委会 7 组
6	纯玩公社户外俱乐部	大理市
7	大理白族自治州闪电骑行俱乐部	大理市
8	亚星大饭店-跑马场	大理市大理古镇旅游度假村
9	大理登山户外俱乐部	大理市
10	大理野游户外俱乐部	大理市

大理属中国西南地区开发较早的地区之一，气候常年温和，土地肥沃，以秀丽山水和少数民族风情而著名。有洱海（见图 2-12）、大理古城、双廊、崇圣寺三塔、苍山、喜洲镇、海舌生态公园、南诏风情园、天龙八部影视城等著名景点 130 多处。其中主要以蝴蝶泉、洱海、崇圣寺三塔景点为代表。为了解大理生态休闲体育产业的具体内容，现根据中国知网和云南赛事体育网查阅的相关资料进行统计。

图 2-12 洱海

　　大理"100越野赛"于每年的10月下旬在大理苍山洱海举行，曾创造多项世界之最，如翻越海拔最高——比赛线路翻过4092米的苍山顶峰；设置补给站最高——补给站设置在3920米的苍山洗马潭；短距离内直线爬升最高——10公里内直线爬升2077米。"大理100越野赛"被誉为中国最有魅力、最具前景的越野比赛，获得各界普遍认可，是中国创办最早、与国际接轨最早最全面的赛事之一。几年来，已有全国26个省（区、市）100多座城市和亚洲、欧洲、美洲等运动员前来参赛。大理海东镇白族火把节百人划古龙船竞技比赛是一项大型隆重庄严的文体活动，现每三年举办一次，举办地金梭岛是洱海第一大岛，也是典型的渔村。截至2016年，已成功举办了24届。赛龙船，白语译为"游花船"，海东火把节赛龙船已有1300多年历史，每年直接参赛的运动员有1000多人，赛龙船的龙船上除划桨的运动员外，还有7至8个舵手，有摇树枝和击锣的各1人，吹唢呐的1至2人，整条龙船共有百人左右，充分展现了白族儿女不畏艰险、团结友爱的精神。

丽江著名的景点人们称为"二山、一城、一湖、一江、一文化（纳西东巴文化）、一风情（摩梭风情）"。各民族在语言文字、神话传说、音乐舞蹈、文学艺术、宗教信仰，婚姻、丧葬、生育、节庆、饮食、服饰、待客、礼仪、娱乐活动以及心理素质、生态环境等方面都保留了独特的个性和风格。如纳西族的正月十五棒棒节、三朵节，彝族的火把节，傈僳族的阔时节，普米族的吾昔节，摩梭人的转山节。

通过对丽江市的户外运动俱乐部（见表2-5）开展情况进行调查，发现它们都为促进丽江生态休闲体育产业发展而成立，且丽江所特有的气候、人文风俗及地理条件影响着该产业的发展。丽江有"高原姑苏"之称，它所在的位置有世界文化遗产"丽江古城"和玉龙雪山风景名胜区多处（见图2-13、图2-14、图2-15），以及世界自然遗产"三江并流"长江第一湾和有"蓬莱仙境"之称的泸沽湖。

表2-5 丽江休闲体育产业有关俱乐部或公司

序号	名称	分布地点
1	云行户外俱乐部(丽江云行户外俱乐部)	丽江市北门街东岳巷78号
2	丽江金沙户外俱乐部(金沙旅行)	丽江市祥和路白龙盛世商业街
3	传奇户俱乐部	丽江市玉河走廊B区6栋
4	丽江越野者户外俱乐部	丽江市古城玉缘桥旁
5	狼鹰户外俱乐部	丽江市五一街文治巷117号
6	丽江基地户外俱乐部	丽江市口大水车(近黑龙潭)
7	丽江旅游明远户外俱乐部	丽江市五一街
8	川滇藏户外俱乐部	丽江市南门街古佑巷96号
9	东木户俱乐部	丽江市祥和路
10	驴行户外俱乐部	丽江市五一街文生巷
11	三江并流户外俱乐部	丽江市丽江古城光义街官院巷
12	越野者户外俱乐部	丽江市安华路
13	梅里户外俱乐部	丽江市五一街振兴巷
14	自由生活户外俱乐部	丽江市光义街忠义巷125号
15	驴行天下徒步探险户外俱乐部	丽江市新华街双石段29号
16	丽江马锅头户外俱乐部	丽江市义尚街文明巷
17	疯子户外俱乐部	丽江市长水路金甲街下段137号
18	雨崩卡瓦格博户外俱乐部	丽江市清溪村3号
19	呀啦嗦户外俱乐部	丽江市玉缘路

续表

序号	名称	分布地点
20	阳光户外	丽江市大研古镇古城北门
21	猎途户外俱乐部	丽江市玉龙纳西族自治县康仲路
22	萤火虫户外旅游俱乐部	丽江市香格里拉大道
23	丽江市明远户外摄影俱乐部	云南省丽江市香格里大道
24	北纬三十度户外俱乐部	丽江市八一街七一下段211号
25	丽江市摩托车户外运动俱乐部	丽江市东康小道附近
26	藏驴行客户外旅游俱乐部	丽江市松云路附近

图2-13 玉龙雪山（1）

图 2-14　玉龙雪山（2）

图 2-15　玉龙雪山远景（3）

从表2-5可知，丽江的户外俱乐部多于云南其他市州的户外俱乐部，且大多集中于市区，因为随着生活水平的提高，市民们更愿意走进自然，亲近自然，在大自然中寻找身心自由。

迪庆藏族自治州，是云南省8个自治州之一，首府为香格里拉市。整个州位于云南省西北部，滇、藏、川三省区交界处，金沙江、澜沧江、怒江三江并流国家级风景名胜区腹地，澜沧江和金沙江自北向南贯穿全境，总面积23870平方公里。州内风光优美，森林公园独特（见图2-16）。与滇中其他地区相比，迪

图2-16 香格里拉普达措森林公园

庆休闲体育产业发展相对滞后，截至2018年年末，全州拥有体育场3个，体育馆5个，乡镇灯光球场74个，村级篮球场525个，体育公园3个，健身广场22个，社区健身设施9个，健身步道9个，全民健身站、点10个。全州共参加省及省以上运动会9次，派出运动员386人，获得省及省以上运动会奖牌93枚（金牌48枚，银牌26枚，铜牌19枚）。根据《迪庆藏族自治州"十三五"体育事业发展规划》《迪庆藏族自治州全民健身实施计划（2016—2020年）》，迪庆对"七彩云南"全民健身工程发展方向、工作举措、体育休闲行业的廉政建设目标进行了新定位，全民健身组织建设得到了显著加强。根据网上调查得知，目前迪庆已发展出一批具有地方民族特色、有影响力的全民健身运动，如"香格里拉元旦穿城赛跑""8月8日全民健身日系列活动""香巴杯"篮球赛、"太子杯"篮球赛、川滇八州市男子篮球联赛、迪庆"高原杯"业余足球赛、香格里拉小学生足球联赛、维西民族传统射弩赛、德钦"格萨尔杯"射箭赛、中国·香格里拉五月民族传统赛马节等10个全民体育健身运动和节庆活动。

临沧位于云南省西南部，东邻普洱，北连大理，西接保山，西南与缅甸交界，地处澜沧江与怒江之间，因濒临澜沧江而得名。市政府驻地距省会昆明598公里，是昆明通往缅甸仰光的陆上捷径，有3个国家口岸和17条通道。同时，临沧地处横断山系怒山山脉南延部分，属滇西纵谷区，亚热带低纬高原山地季风气候，水资源丰富，是国家重要的水电能源基地，云南重要的蔗糖和酒业生产基地，居于世界茶树和茶文化起源中心，是普洱茶原产地和滇红茶、大叶种蒸青绿茶的诞生地，中国最大的红茶生产基地和普洱茶原料基地，中国最大的澳洲坚果基地市。近年来市辖的临翔区举办过"七彩云南全民健身运动会"、云南省第九届农民运动会（四年一届），运动会比赛项目有田径、篮球、舞龙、陀螺、民兵军事三项、象棋、围棋、乒乓球等8个比赛大项55个小项。比赛场地分别设在临沧市体育运动中心、临沧市技工学校、博尚镇、腾龙恒春小镇、民族文化广场等地，比赛场地充分凸显了"走进田间地头，走进美丽乡村""七彩云南"的特点。但仅有这些活动还不够，迪庆和临沧两地的休闲体育项目从数量和质量上都有很大的提升空间。

2.4 滇南地区生态休闲体育产业发展现状

滇南地区包括普洱、红河、文山、西双版纳、德宏等几个区域。普洱地处云南西南部，境内群山起伏，受亚热带季风气候影响较大，冬无严寒、夏无酷暑，无论温度还是降雨量都比较适宜。全市森林覆盖率超过67%，有2个国家级、4个省级自然保护区，是北回归线上最大的绿洲（见图2-17），有"天然氧吧"的美誉。因植被覆盖率高，负氧离子丰富，景观优美，因而

图 2-17　普洱市墨江县北回归线

成为人们健康养生的胜地。作为国家绿色经济试验示范区，普洱为休闲体育产业发展提供了广阔的平台。国内首创的"运动—旅行—交友"高端新型旅游赛事常在这里举办。2018年，普洱市在普洱太阳河国家森林公园举办了China Ultra 100普洱2018国际越野跑挑战赛。同年，举办了民族健身操比赛，赛事由市民宗局、市妇联、市文体局主办。也是这一年，由市健身操健身舞协会协办、市体育总会承办的"舞出新生活·奔向小康梦"运动在思茅区举行。此次运动对弘扬民族文化，促进全民健身与全民健康相融合，增强妇女群众的凝聚力，推进普洱市民族团结进步示范区建设具有很大的推动作用。

红河地处云南省东南部，与越南毗邻。随着当地交通、通信和宾馆等基础旅游服务设施的逐步完善，哈尼梯田元阳核心区、建水古城等项目得以实施，并推动了旅游产业的发展（见图2-18）。

哈尼族居住地有传统节日"甘通通"（十月年）、"昂玛突"（祭寨神）等。在各种节日活动中都要进行体育活动，以增添气氛（见表2-6）。

图2-18 哈尼族彝族自治州弥勒市域风韵

表 2-6 哈尼族主要传统节日开展体育项目一览表

类型	选择项目
观赏型	摔跤、铓鼓刀表演、射弩、陀螺、磨秋、哈尼武术
参与型	磨秋、射弩、陀螺、哈尼气功
健身型	哈尼武术、铓鼓舞
娱乐型	掷石头比赛、钓螃蟹、磨秋、铓鼓舞、阿弩塔（模拟牛打架）
休闲型	陀螺、射箭、射弩、打弹弓
探险型	攀山、爬山、爬树
旅游商品（纪念品）	哈尼刀、弩枪、弓箭、陀螺、铓鼓

哈尼族主要传统节日活动期间开展的体育项目，具有独特性、多样性和较强的观赏性，既能健身又能娱乐。因为与居住地富饶的自然资源和丰富的民族文化资源进行良好配置，且符合游客既要有健身的环境，又要有独特的体验和享受的愿望，因而对进一步吸引游客推动民族旅游业的发展产生了应有的关联效应。红河弥勒可邑小镇是全国96个运动休闲特色小镇之一，小镇以运动休闲为主题进行打造，具有独特体育文化内涵、良好体育产业发展前景，集运动、休闲、文化娱乐、健康、旅游、养老、教育培训等多种功能于一体。

文山因特殊的地理位置、悠久的历史文化、丰富的自然资源备受世人关注（见图2-19）。苗族武术、爬坡杆，蒙古族摔跤、

图2-19 文山普者黑景区

赛马等体育项目都是根据居住条件而传承沿袭并逐渐形成特色，也蕴含着巨大的开发价值。近年来，当地旅游与体育和民族体育融合，展现了独特而充满潜力的发展前景。充分挖掘全州少数民族体育旅游资源，含少数民族体育元素的旅游特色成为趋势。各民族因经年累月交叉居住、共同生活、共同生产，在语言、服饰乃至生活方式上都有许多相同之处，表现在运动形式上也趋于拥有一些共同特征，如射弩、秋千、打陀螺、武术、摔跤、斗牛等。无论是哪个民族，在其特有的节庆活动中都能看到本民族特征的体育活动，如壮族的"盘王节"、苗族的"花山节"（探花山活动），除此之外，各民族群众常常会欢聚一堂，开展摔跤、斗牛等大家喜闻乐见的休闲体育活动。

西双版纳古傣语意为"理想而神奇的乐土"，这里以美丽的热带雨林自然景观和少数民族风情而闻名于世（见图2-20）。境内分布着全国1/4的动物物种和1/6的植物物种，是名副其实的"动物王国"和"植物王国"。西双版纳总面积约1.9万平方公里，世居着傣族、哈尼族、布朗族、基诺族等多个少数民族。西双版纳曾举办过多届民族运动会，还分别在景洪市建立了陀螺基地，在勐海县建立了射弩基地，在勐腊县建立了秋千基地。为了培养更多的少数民族体育人才，多个行政村实施了"健身工程"，建设了篮球场。但是专业篮球、举重、乒乓球、拳击、跆拳道、摔跤、柔道、武术、网球等项目均没有正规的室内训练、比赛场

图 2-20 西双版纳

所，也缺少举行大型文体活动、公共集会和商贸展览活动的场地。当前，在西双版纳景点景区已有一些民族体育的表演和体验项目，但存在开发还不足、管理不够规范等问题。如西双版纳澜沧江国际公开水域游泳抢渡赛、泼水节的赛龙舟表演、漂流体验等，都是很好的项目，但开发处于较低层面，对民族特色和内涵挖掘不够，只将其作为民族风情旅游的补充，这与生态体育旅游业还有很大差距，有待相关从业人员宏观把控、科学规划、创新管理、健康发展。

德宏位于滇南地区偏西，辖区面积1.15万平方公里。"德宏"是傣语的音译，"德"为下面，"宏"为怒江，意思是"怒江下游的地方"，特色地域风情浓厚（见图2-21）。

图2-21 德宏盈江诗密瓦底

傈僳族主要分布于怒江、澜沧江、金沙江三江流域的峡谷山坡地带。为了延续生命，适应大自然的千变万化，增强与自然灾害抗击的能力，当地产生了许多集力量、速度、耐力、技巧等于一体的民族特色体育和一些曾迫于生存而产生的爬山、涉水、过溜索、猪槽船等体育项目。近年来，德宏在促进休闲体育产业发展方面下了很多功夫，随着龙舟挑战赛在风景秀丽的芒市孔雀湖鸣锣开赛，"七彩云南·运动德宏"体育文化旅游节也正式启动。体育文化旅游节活动定位全民参与，赛事活动丰富多彩。龙舟挑战、轮滑邀请、中缅"跨国双城"山地自行车、边境雨林越野汽车、傣族围鱼、傈僳族传统射弩、徒步帐篷音乐会、铁人三项、越野摩托等18项体育赛事活动，将竞技体育与休闲体育相互结合，将体育赛事与旅游项目完美融合。赛场就是景点，比赛就是旅游，整个体育旅游文化节吸引了来自缅甸、哈萨克斯坦、瑞典、中国台湾等10多个国家和地区的上万名体育爱好者慕名而来，开启"运动"德宏体育休闲旅程。除充分发挥地理优势促进"体育+旅游"，德宏还将民族文化植入体育赛事，用民族文化激荡体育力量，从而进一步促进德宏休闲体育产业升级转型。

3 云南生态休闲体育产业发展的优势与不足

3.1 云南生态休闲体育产业发展的优势

云南作为一个著名的旅游大省、民族文化强省，全省各地均有着巨大的旅游市场客源、神奇的湖光山色和多彩的民族风情，这是发展体育旅游产业最为宝贵的禀赋和要素。为此，云南可充分利用自己丰富而独特的地理地貌资源、自然环境资源、社会人文资源与体育项目资源来开发体育探险、户外运动、康体度假、休闲娱乐、民族体育风情体验、高原训练、体育赛事观光等多元化的体育旅游产品，逐步将云南打造成具有国际影响的"体育旅游胜地"和"户外运动天堂"。

生态休闲体育的发展需要强大的市场平台和众多的市场客源。云南的休闲体育产业已创造出强大的以休闲为主的市场平台与需求，再加之云南具有独特的自然风光、神奇的民族风情与丰富多样的体育文化资源，因而对发展休闲体育产业具有得天独厚的综合优势。云南是中国地质地貌最为丰富的地区，地处世界屋脊的东南面，区域内高山绵延，江河奔腾，树林密布，水草丰美，是开展体育户外活动与探险旅游的最佳目的地。此外，长期居住在云南这片土地上的少数民族有25个，其中有15个民族是云南所独有。在云南各少数民族中都流传有丰富独特的传统体育形式，这些传统体育项目具有深厚的民族文化内涵，又有各自不同的运动特征和表现形式，对广大旅游消费者有着特殊的吸引力，是云南开展民族文化旅游和生态休闲体育的重要资源禀赋。

3.1.1 资源禀赋——以滇西北体育旅游资源开发为例

体育旅游资源的开发潜力包含两层意思，一是体育旅游资源整体开发潜力，是体育旅游资源竞争优势的集中体现，二是不同级别体育旅游资源个体的开发潜力，属于体育旅游资源单体开发潜力的范畴。

3.1.1.1 体育旅游资源整体开发潜力评价

体育旅游资源的开发潜力值共分为5个等级，并以前3个等级为研究对象，即可得出滇西北体育旅游资源的开发潜力指数。由表3-1可知，体育旅游自然资源中，Ⅴ级整体开发潜力最大的为大气资源8.546，Ⅳ级最大的为大气资源10.401，Ⅲ级最大的为水体资源为4.769。体育旅游人文资源中，Ⅴ级的整体开发潜力最大的为园林资源11.309，Ⅳ级最大的为历史资源18.956，Ⅲ

级最大的为体育赛事资源5.778。研究表明，体育旅游人文资源作为一个整体进行开发更能凸显该资源的体育价值。

表3-1 滇西北体育旅游资源开发潜力指数与个体单元开发潜力指数

资源类型	级	整体开发潜力指数			个体单元开发潜力指数		
		V级	IV级	III级	V级	IV级	III级
体育旅游自然资源	山体资源	5.490	10.152	4.469	0.182 2	0.098 5	0.223 8
	水体资源	5.078	10.044	4.769	0.196 9	0.099 6	0.209 7
	生物资源	6.545	9.253	3.868	0.152 8	0.108 1	0.258 6
	大气资源	8.546	10.401	3.832	0.117 0	0.096 1	0.261 0
	宇宙资源	6.372	9.975	4.443	0.156 9	0.100 3	0.225 1
	自然资源综合	4.494	9.764	4.938	0.222 5	0.102 4	0.202 5
体育旅游人文资源	历史资源	8.847	18.956	3.363	0.113 0	0.052 8	0.297 3
	民族民俗类资源	8.189	11.351	4.122	0.122 1	0.088 1	0.242 6
	宗教资源	9.487	15.956	3.506	0.105 4	0.062 7	0.285 3
	园林资源	11.309	13.854	2.589	0.088 4	0.072 2	0.386 3
	体育赛事资源	3.619	11.394	5.778	0.276 3	0.087 8	0.173 1
	人文资源综合	4.049	9.662	5.106	0.247 0	0.103 5	0.195 9

3.1.1.2 体育旅游资源个体单元开发潜力评价

按照计算出的整体开发潜力指数、聚集度指数、优势度指数和规模度指数分别代入式（8）中进行计算，即可得出滇西北体育旅游资源的个体单元开发潜力指数。由表3-1可知，体育旅游自然资源Ⅴ级个体单元开发潜力最大的为水体资源0.1969，Ⅳ级最大的为生物资源0.1081，Ⅲ级最大的为大气资源0.2610。人文体育旅游资源Ⅴ级个体单元开发潜力最大的为体育赛事资源指数0.2763，Ⅳ级最大的为民族民俗类资源0.0881，Ⅲ级最大的为园林资源0.3863。从Ⅲ级以上的个体单元开发潜力指数看，体育旅游自然资源高于人文资源的个体单元开发潜力。研究表明，体育旅游自然资源更适合作为个体单元进行开发。

3.1.1.3 滇西北体育旅游资源开发潜力空间特征

根据计算的结果，统计体育旅游资源单体并输入适合开发的资源类型，建立图形数据库，实现数据的图形化显示。显示表明，高品质的世界级的体育资源主要集中在贡山县、玉龙县、德钦县、大理市、香格里拉市、南涧县。（1）以Ⅴ级的体育旅游资源为面状中心，可以形成Ⅳ级、Ⅲ级、Ⅱ级体育资源环形圈。主要体现为香格里拉普达措国家公园一带为面状中心，形成香格里拉大峡谷、碧壤峡谷、巴拉格宗大峡谷、木鲁峡谷、哈巴雪山风景区一带、虎跳峡谷风景区一带、千湖山林区一带、迪庆依拉草地一带等环形体育资源圈。（2）以Ⅴ级的体育旅游资源为线状中心，形成Ⅳ级、Ⅲ级体育旅游资源线状。主要体现在自然保护区三江并流世界自然遗产风景区、独龙河峡谷河谷一带、梅里雪山国家公园一带。（3）以Ⅴ级的体育旅游资源老君山风景区和苍山为点状，形成以滇西北体育旅游为中心点，向各周边县市的体育旅游资源聚集地集散的态势。

体育旅游资源的聚集度指数R<1，说明滇西北区域内的体育资源单体间的聚集度集中，彼此间的关联度高。体育资源单体间的空间屏蔽效应大，表明区域内的体育资源丰富、种类繁多。体育赛事资源的优势度极高，说明区域内十分适合体育旅游活动的开展。体育旅游自然资源和人文资源的规模度大，说明适合体育旅游活动的开展，能充分满足体育旅游活动的项目设置。随着全域旅游、旅游特色小镇等战略实施，生态文明建设与旅游业交叉渗透、与体育旅游关系紧密。所以，应依据滇西北体育旅游资源聚集度集中、优势度高和规模度大的有利特征，发挥较为罕见的体育旅游资源的优势，区域内开展以生态文明建设为主线的全域体育旅游，全方位、全地域、全过程实现全域体育旅游与生态文明建设相结合，全面打造与提升徒步、登山、攀岩、漂流、滑雪、山地自行车等生态体育旅游示范基地，构建起滇西北体育旅游一体化运营体系，共享资源、共享数据，加强各部门之间协同，提高体育旅游产业运营效率。

体育旅游人文资源作为一个整体进行开发，更能凸显体育旅游资源的整体性价值。体育旅游自然资源作为个体单元进行开发，更能凸显体育旅游资源的个性化特征。应以体育旅游人文资源为基础，以民族民俗体育旅游资源为指引，打造城市体育旅游品牌，发挥以城市体育旅游品牌促进整体发展的全面带动效应。以体育自然旅游资源为特色，以山地体育旅游资源为基点，打造山地体育旅游品牌，强调山地体育旅游品牌建设特色化发展的独一无二特征。综合所述，无论是打造城市体育旅游品牌还是山地体育旅游品牌，都应全面融入旅游各要素的生态化建设，既要对老的旅游六要素"吃、住、行、游、购、娱"加快生态化改造，又要对新的旅游六要素"商、养、学、闲、情、奇"进行生态化的建设，走生态型城市体育旅游品牌建设、生态型山地体育旅游品牌建设与生态文明建设的新业态新产品融合开发建设之路。

体育旅游资源以香格里拉普达措国家公园为面状中心，形成体育旅游资源环形圈；以三江并流世界自然遗产景区为线状带，呈现出体育旅游资源线状特征；以老君山风景区和苍山为点状中心，形成以体育旅游为双集散地的态势。体育旅游资源的空间特征显示，该区域体育旅游资源"点、线、面"的特征明显。为此，一是做强生态点、做大体育旅游。以老君山风景区和苍山为生态型体育旅游品牌示范基地，带动辐射周边的各个景区、景点、小镇、村庄，把运动休闲+风情特色小镇、体育旅游+美丽乡村、体育+旅游公园建设作为发展的重要载体,由点的集聚转向面的扩散形成体育旅游示范基地的带动效应。二是优化生态线、畅通体育旅游。以三江并流世界自然遗产风景区为生态型体育旅游示范基地,发展以怒江、澜沧江和金沙江两岸为线状的生态体育旅游景观,将沿江生态绿道建设与自驾车旅游公路建设相结合,打通城市、景点、小镇和村庄道路连线的同时,使自驾车道路建设成为生态景观带。三是辐射生态面、全域体育旅游。以香格里拉普达措国家公园为生态型体育旅游示范基地,点线相结合形成面状发展态势,把该区域作为一个全景区来打造,对体育旅游与新老旅游要素相融合,全面进行生态体育化改造与升级,实现全域之内行行出精品、处处生风景,为人们提供良好的体育旅游体验。

3.1.2 市场条件

从云南旅游业发展的市场平台看,自21世纪以来,云南的旅游产业发展十分迅猛。历经这些年的精心打造,旅游业已发展成为云南经济社会发展中重要的支柱产业,也使云南跻身为中国旅游大省的行列。为进一步发展壮大云南的旅游产业,早在2004年中共云南省委、省政府就制定出《云南旅游倍增计划(2004—2010年)》,进一步开拓思路,拓宽旅游内涵,开发多元化的旅游产品,优化旅游产业结构;在巩固发展观光旅游产品的基础上,大力发展休闲度假、会展商务、康体科考等旅游产品。因此，依托旅游大省平台，云南省可以打造具有特殊市场竞争力的体育旅游产品与产业。

3.2 云南生态休闲体育产业发展的不足

3.2.1 发展结构有待继续平衡

由于云南的经济、自然环境资源和社会等各个因素的制约，生态休闲体育产业发展没有形成具体的经营规模，比起沿海地区较为落后，甚至呈现出一种畸形发展状态模式，表现为：生态休闲体育产业发展较快者集中于旅游资源丰富、交通便利、经济发展较快的市州，而其他一些市州则相对较差；尚未充分利用好云南多山地、多高原的优势；在各种特色的旅游项目和特色体育活动中，以健身、体育的形式参与和组织的活动相对较少，没有充分扩大云南高原生态休闲体育产业规模。因此，应结合云南当地的多种地理因素合理开发多种生态休闲体育项目。

3.2.2 产业规模有待继续壮大

目前，云南有影响、有规模的生态休闲体育产业经营企业不多，生态休闲体育的经营活动起点低、规模小、产业集中度低，生态休闲体育项目的开发中"小、散、多"现象明显，有品牌、有市场、有影响力的生态休闲体育旅游线路、生态休闲体育圈、体育主题公园等都尚未形成。

3.2.3 产业制度有待继续完善

云南生态休闲体育产业发展受社会环境、制度与体制、市场化等因素等的影响。社会环境包括经济、政治、文化、法律等多种因素。应不断地完善相关的法律体系，利用行政手段和法律手段进行规范管理和引导，加强生态休闲体育产业的扶持力度。

3.2.4 品牌号召力有待继续提升

云南生态休闲体育产品的项目策划较为简单甚至存在重复，有影响、高品位的休闲体育产品不多，休闲体育产品的创新、创意能力有待提升，生态休闲体育产品的对外宣传与组合营销应用步伐较慢，使云南生态休闲体育产业市场的深度开发与推广能力较弱，没有形成较强的市场竞争力和品牌号召力。

3.2.5 专业管理人才有待进一步健全

现有的生态休闲体育产业经营者大多不太专业，只经过一些粗略培训，缺乏系统的培训，还有一部分是运动员退役的，虽然他们有丰富的经验，但对于产业经营还是略显不足，缺乏金融、投资、营销、策划等方面的知识经验，不能很好地经营生态休闲体育产业。

3.2.6 体育设施建设有待进一步增强

与省外城市相比，省会城市昆明大型体育场馆建设步伐不够快，与建设我国面向西南开放的"国际桥头堡"和"区域性国际城市"形象尚有差距,现有体育场馆设施无论规模上还是质量上都难以满足举办大型国际国内体育赛事的需要,难以适应云南文化建设与经济社会跨越发展的基本要求。

4 云南生态休闲体育产业发展路径

4.1 路径起点：顶层设计与制度保障

4.1.1 顶层设计云南生态休闲体育产业融合发展的战略选择

云南民族文化多样、农业生态资源丰富、自然资源储备量大，如此优势即便我国的东部发达省份也难以比肩。因此，把农业生态旅游资源和生态休闲体育旅游资源融合发挥，可推动西部地区旅游产业结构调整并优化，带动社会就业，增加边远地区的农民收入，促进区域旅游经济全面协调可持续发展。从发展现状来看，西部地区的生态休闲体育旅游和农业生态旅游的耦合阶段还处于低度的中期融合阶段，融合机制还不健全，主导的旅游发展的战略规划还不突出，两大产业发展潜力和互通资源的优势还没有充分发挥出来。应以市场需求为导向，发展联网（休闲类APP）、大数据等网络技术，落实基础设施的建设，扶持自驾营地、户外营地等与大型农业生态密切联系的旅游规划，从生态休闲体育旅游和农业生态旅游两大产业的融合进行布局和顶层设计，降低相关产业间的融合壁垒，扩展扩大产业间的对接合作和旅游创新互动，深层次破除产业融合的问题，提高产业融合的综合效益。强调战略的重要性，选择高层次高品质的旅游资源禀赋培育和发展农业生态旅游、休闲农业、生态休闲体育旅游、生态旅游农业等融合发展的新产业新形态，使其成为西部地区调整产业结构、促进经济转型升级的新动力。

4.1.2 落地实施云南生态休闲体育产业融合发展的产品选择

云南生态休闲体育旅游和农业生态旅游的融合发展，既可以选择"生态经济型、绿色农业型、文化旅游型、农业集群型"旅游类型融合产品，还可以围绕聚集的"运动休闲特色小镇、生态休闲体育旅游小镇、体育特色小镇"融合开发等多种形式的农业生态休闲体育旅游产品，强调"食、住、行、游、娱、养、学、情、创、奇、险、农、村"的业态融合创新产品。建成适合旅游者求知、求异、求新、求乐、求险、求美和集居住、养生、健身、体验、休闲等于一体的全方位的旅游特色产品，使旅游者真正感受、体验、享受乡村和获得使身心健康的自然资源和文化资源。深谋划远定位，以优势旅游产品为龙头带动农业资源，选择开发生态休闲体育旅游和农业生态旅游的旅游产品。云南以民间民俗文化最为突出，有国家级非物质文化遗产傈僳族民间歌舞"阿尺目刮""热巴舞"、纳西古歌"阿勒"、中国戏曲史上活化石"大词戏"等人文旅游资源，其特有的民间民俗文化内涵和特色，凸显了休闲体育文化的价值。其中的健身休闲价值包含着文化智慧教育、人文精神教育、人文知识教育和运动技能教育的功能。以南姐洛湖泊群等为主要的高山湖泊农林旅游资源可以开发出多样的农业生态休闲体育旅游产品，便于充分发挥农业生态旅游加生态休闲体育旅游的融合作用。

4.1.3 科学规划云南生态休闲体育产业融合发展的布局

生态休闲体育旅游和农业生态旅游融合发展，首先需要打破传统封闭的发展观念，树立大融合的格局，把"农业+"作为旅游产业转型升级和创新融合发展的重要突破口，结合体育产业、生态休闲体育旅游产业和休闲体育产业促进业态裂变和跨界耦合，推动农业生态旅游产业和生态休闲体育旅游产业在产品、技术、资本、信息、市场、政策等方面进行全方位、多层次的互动融合发展。尽管省市出台了相关旅游规划，但生态休闲体育旅游和农业生态旅游的互动融合发展尚未达成共识，规划较为分散，还缺乏整体的协调性，合力还未形成。要推动两大产业良性融合发展，实现市场发展"你我协同、互荣双赢"的高级阶段格局。打破地方行政区域规划障碍，坚持开放融合协作共赢，加强顶层设计，制定生态休闲体育旅游和农业生态旅游的融合发展规划，明确融合发展的目标、重点、进程和路线图，引导生态休闲体育旅游和农业生态旅游的良性融合，并与相关产业协同发展。如处在滇西北的维西县与同一区域的其他县市在旅游发展上就相对落后。通过调研发现，主要问题是对旅游资源聚集区还处在做总体规划的初始阶段，对于景区（点）的基础设施建设和空间布局还不够完善。优势旅游资源严重缺乏详细规划，欠缺"一张设计图纸干到底"的态势。缺乏体育专业的旅游景观设计团队参与本县旅游资源的详细规划。农业生态旅游的优势资源开发利用不到位、旅游产品单一。高品质的旅游资源大部分处于国家级贫困村寨，基础设施建设和道路交通网络尚未形成规模，游客的可进入性相对较差。综合所述，这些都是导致旅游经济总量不大、旅游接待规模不高、旅游发展环境一般、外向度极低、海外游客逐年下降的直接原因。因此，要切实加强危机感和紧迫感，清醒认识新形势、新阶段的发展特点，抢抓机遇、乘势而上，加快培育旅游新业态，丰富旅游产业内涵和产品，努力打造"梅里环线"区域竞争的新优势。

4.1.4 依法打造云南生态休闲体育产业融合发展的特色内容

云南生态休闲体育旅游和农业生态旅游融合发展必须以市场需求为导向，结合自身的自然资源优势、生态环境优势和地域文化特色，发挥以体验经济、旅游美学和生态体验等为融合的旅游产品，抓住"一带一路"等国家战略机遇与规划，精准定位产品，创新模式，形成地域特色，建立拥有知识产权的旅游产品，走多元、差异化的融合发展之路。在融合层次与视域上，注重融合内容的创新。根据消费者需求千变万化的特点梳理共性内容和产业融合发展的大趋势，脱离产业发展"你干你的、我干我的"重复建设和同质化竞争的初期阶段，逐步从产业链低端的"你中有我、我中有你"的中期阶段转化为"你我协同、互荣双赢"的高级阶段格局，实现高端的融合创新协同发展。未来旅游发展的关键是在保护环境和社区基础上，根据市场需求设计具有体验和教育要素的旅游产品。

两大产业融合内容要紧盯云南资源优势和文化优势，研制适应未来融合发展的旅游产品，发挥生态农业环境优势（如多那阁傈僳山寨等），推出农业生态旅游和健身休闲教育的旅游产品。在开发农业生态旅游观光、健身休闲体验、生态休闲体育旅游和休闲娱乐等旅游项目上，应融入周边大环境和利用好国家相关的农业、旅游、体育等政策，注重将云南的生态休闲体育旅游和农业生态旅游融入新一轮西部大开发、"一带一路"等视域加以挖掘和利用，打造"一带一路"背景下的大"香格里拉""梅里环线"旅游圈和面向西亚、东南亚的云南民族传统体育文化的传播通过点，把具有农业生产方式、农事习俗和茶马古道文化向东南亚、西亚传播，打造云南生态休闲体育旅游和农业生态旅游业融合发展的特色和亮点，丰富融合发展内容。

4.1.5 业态创新云南生态休闲体育产业融合发展的体育赛事

打造"互联网+"的生态休闲体育旅游和农业生态旅游线上旅游产品，形成更为广泛的产业链网络，促进以"互联网+"的融合产业资源要素为优化配置和集成创新,进而提升生态休闲体育旅游和农业生态旅游融合产业系统的创新力和竞争力。当前,"互联网+旅游产业发展"已经成为云南提升旅游行动计划的重要内容,利用"互联网+"的平台优势,搭建生态休闲体育旅游和农业生态旅游融合的产品平台是推动两大产业深度耦合的重要途径。以欠发达地区维西县为例,首先,借助大型体育赛事旅游和多那阁傈僳山寨、同乐村"阿尺目刮"、滇金丝猴国家公园等推出健身休闲型的生态休闲体育旅游赛事,吸引大众的眼球,让更多的人进入维西县知晓、了解和感受当地自然资源和人文资源。其次,在"互联网+"平台搭建农业生态休闲体育旅游平台,线上挂出生态休闲体育旅游和农业生态旅游相融合的旅游产品,吸引社会资本进入生态休闲体育旅游和农业生态旅游融合发展的领域,形成多元化的投资新格局,解决旅游发展的资金问题。再次,利用移动"互联网+""大数据"等信息技术优化两大产业的网络服务体系。相互深化合作积极互动,打造休闲度假、民族村寨生态休闲体育旅游目的地、养生养老农业生态旅游园区,发展私人定制农场和个性化定制旅游,将线上操作与线下农业生态休闲体育旅游产品配送和旅游服务有机结合起来,形成综合化、生态化和智能化的旅游生产服务体系。最后,发挥广播、电视、报纸、杂志等传统媒体的正面宣传作用,利用门户网站、微信、搜索引擎、APP和微博等新媒体渠道进行推送,开展"线上线下"互动营销和精准营销,促进生态休闲体育旅游和农业生态旅游融合发展的产业产品与服务从"传统营销"转向"智慧营销"行列。

4.1.6 渠道畅通云南生态休闲体育产业融合发展的人才培养

人才是推动产业融合发展和实现产业融合目标的重要力量与关键,生态休闲体育旅游和农业生态旅游融合对人才的培养提出了更高的要求,从发展的目标和实现看,懂农业、懂旅游和还要懂体育的服务人才是实现两大产业融合发展的重要保障。生态休闲体育旅游和农业生态旅游融合发展需要一大批精通农业、体育和旅游的高层次复合型人才。具体做法是:第一,进一步完善人才引进机制,创新人才培养方式。在坚持和完善人才培养机制的基础上,实行不求所有、但求所用的原则,构建多样化的人才培训平台,整合现有单一人才,通过定期、定阶段的技术培训使其获得相关知识。加大柔性人才培养模式,通过顾问指导、咨询讲学、短期聘用、技术入股和科研合作等多种方式做针对性的指导与规划,为生态休闲体育旅游和农业生态旅游融合发展引才聚智。培养适应生态休闲体育旅游和农业生态旅游融合发展的高素质人才。

第二,联合地方高校、旅游管理机构,根据产业发展需要优化专业设置,强化农业、旅游、体育课程的设置和教学改革。注重人才培养的过程,充分利用区域内的企业资源,加强校企合作，以订单培养模式、委托培养模式、基地培养模式、半工半读培养模式等多元化培养模式向社会传送懂农业、会旅游和能体育的高层次复合型人才，进而向社会输送具有复合知识和创造性思维强的高素质旅游人才。

第三，建立实施跨企业、跨行业和跨区域的人才培训机制，协同合力发挥各行各业的资源优势。采用多样化的培训方式，如模拟演练、专家面授、名师带徒、网络培训、拓展训练、移动学习和交流研讨等多种培训形式，让员工学习掌握交叉知识和交叉技能，引导员工思维由传统转向创新，提高员工综合素质和自我创新能力。

4.1.7 着力优化云南生态休闲体育产业融合发展的环境

良好的外部支持环境是产业融合发展的保证。生态休闲体育旅游和农业生态旅游融合是发展传统生态农业和绿色低碳旅游经济转型升级的重要突破口，应从体验经济、旅游美学和生态体验的层面优化融合发展的技术机制、产品机制、组织机制、市场机制、政策机制、利益协调机制和激励机制。对影响两大产业"你我协同、互融合赢"的部门、地区和行业壁垒要彻底破除。完善两大相关产业政策支持体系，完善两大产业系统间的管理协同机制和利益分配机制，建设协同创新、开放包容和互融合赢的生态圈。进一步优化生态休闲体育旅游和农业生态旅游融合发展环境，推动农业生态旅游与休闲养生农业、健身休闲产业和生态休闲体育旅游等新型交叉产业融合发展，使生态休闲体育旅游和农业生态旅游摒弃初级阶段、面向市场发展的中期阶段，转向深度融合发展的高级阶段。

抓住新时代"一带一路"的历史性机遇，以农业生态旅游资源为依托，以市场需求为导向，以生态休闲体育旅游创新为动力，融入国家大战略和规划，创新旅游定位，走差异化融合发展之路，发展"农业+体育"的新型交叉产业，增强旅游发展的新能量和新动力，可持续地为西部地区的经济社会发展注入新的动力和活力。云南地处我国交通要道的末端，但拥有丰富的高品质的生态休闲体育旅游资源，风景秀丽的"南姐洛"与美丽的"梅里雪山"毗邻，区域内的"阿尺目刮"歌舞、"热巴舞"、"大词戏"和"多那阁傈僳族民族村寨"生态文化厚重。云南拥有"植物王国""旅游天堂""天然杜鹃花园""滇金丝猴大乐园"等美誉，发挥这些旅游资源各自的优势，借力生态休闲体育旅游和农业生态旅游，形成具有地域特色的旅游产品和品牌特色，利用"大梅里环线""南亚东南亚环线"的区域位置，努力把云南建设成为"大梅里环线""南亚东南亚环线"黄金旅游集散中心。

4.2 融合发展:"体旅""农旅"相交融

生态休闲体育旅游是指以自然资源和人文资源为媒体,借助生态休闲体育旅游专题,以体育运动(如森林旅游、登山、攀岩、探险、徒步、参加体育比赛以及民族传统体育项目等)为手段,以期达到强身健体、娱乐、休闲、交际为目的的旅游活动,且参与的生态休闲体育旅游者还应具有一定的体能等。目前,对生态休闲体育旅游和农业生态旅游融合研究较少,但二者联系紧密、天然相关。笔者发现,在研究范畴上,对生态休闲体育旅游和农业生态旅游研究都多建立在自然资源和人文资源的基础之上;在研究方法上,对农业生态旅游研究主要运用定性和定量相结合的方法,生态休闲体育旅游研究则主要从定性方法着手,具有一定的局限性;在研究归属上,各研究都以体验视角为主线。以上为本文提供了研究基础,也为农业生态旅游项目与生态休闲体育旅游项目的融合发展提供了支撑,为进一步破解农业生态旅游遇到的同质化、特色泛化及单一型问题提供了解决思路。

4.2.1 农业生态旅游资源的分类

农业生态旅游是借助生态环境和人文环境追求健康长寿和心情愉悦,旅游的外在表现是休憩休闲和娱乐等,内在联系是强身健体和保健疗养等。因此,农业生态旅游资源的大类分为"本地资源""游憩与健体类资源""休闲娱乐类资源"三大类。根据不同的本体属性，农业生态旅游资源的开发和管理方式有较大差异，因此，应当按照本体属性分类对农业生态旅游资源主类、亚类进行分类，才能更好地利用农业生态旅游资源和保护农业生态环境，并对农业生态旅游收益和农业生态旅游资源的生态功能的多种主导因素进行监控。所以，先按功能和本体属性对农业生态旅游进行第一、二级分类，再根据农业旅游收益和农业生态旅游资源生态功能的多种主导因素进行第三级分类（见表4-1）。

表4-1 农业生态旅游资源的分类

大类	主类（亚类）	基本类型
本地资源	地表质量资源	水质量资源、土壤环境资源、生物多样性资源、地表植被资源
	空气质量资源	低噪声与低空间质量资源、空气质量资源、空气中负离子资源、植物精气资源、资源辐射空间资源
游憩与健体类资源	天气气候质量资源	气候条件、旅游舒适期
	农田资源	田园体能训练资源、田园风光
	水体资源	温泉与地热资源、水域风光、水域体能训练
	林地资源	森林野营条件、林区风光、森林健身资源
	草原草地资源	草园风光、草园体能训练资源
休闲娱乐类资源	休闲观光资源	农业动植物景观资源、地文地貌资源、农业设施景观资源、水域风光、农事活动景观休闲观光资源

续表

大类	主类（亚类）	基本类型
休闲娱乐类资源	休闲运动资源	森林狩猎资源、趣味农事活动资源、田园狩猎资源、漫步爬山资源、水上运动资源、休闲运动资源、垂钓捕捞资源、野营探险资源
	动物娱乐资源	动物驯养资源、动物争斗游乐资源、动物表演资源
	品尝购物资源	特色畜牧渔产品资源、特色蔬菜果品资源、山珍野果野菜资源

4.2.2 生态休闲体育旅游资源的分类

根据生态休闲体育旅游资源的基本属性并参考相关文献，结合生态休闲体育旅游资源现状，本研究生态休闲体育旅游资源大类分为生态休闲体育自然旅游资源和生态休闲体育人文旅游资源，亚类分为山体、水体、生物、大气、宇宙、历史、民族民俗、宗教、园林、体育赛事十类，每个亚类对应相应的基本类型，根据不同资源基本类型设置可开发生态休闲体育旅游项目（见表4-2）。

表4-2 生态休闲体育旅游资源的分类表

主类	亚类	基本类型	可开发生态休闲体育旅游项目
生态休闲体育自然旅游资源	山体资源	山地、山峰、峡谷、森林、洞穴等	骑游、徒步旅行、登山、攀岩、岩降、探险、蹦极、滑翔、野营等

续表

主类	亚类	基本类型	可开发生态休闲体育旅游项目
生态休闲体育自然旅游资源	水体资源	河流、瀑布、湖泊、泉等	漂流、游泳、划船、航模、潜水、徒步溯源、探险、冲浪、水上滑板等
	生物资源	森林风光、草原风光、古树名木、珍稀动植物、典型的自然生态景观等	骑游、徒步旅行、野地求生、射击、登山、攀岩、驾车、探险、高尔夫、滑草、野营、野餐、跳伞、狩猎、休闲等
	大气资源	云海、雾海、冰雪、天象胜景等	徒步旅行、登山、滑雪、滑冰、冰球攀冰、休闲等
	宇宙资源	太空、星体、天体观测等	登山、徒步、野营、热气球等
生态休闲体育人文旅游资源	历史资源	古人类遗址、古建筑、古城镇、石窟岩画、古代伟大工程等	徒步、骑游、驾车文化溯源等
	民族民俗类	民族风情、民族建筑、社会风尚、传统节庆、起居服饰、特种工艺等	普米族赛马、织布比赛、打陀螺、打核桃、徒步、骑游、体育观光、民族舞蹈等
	宗教资源	宗教圣地、建筑、文化现象等	登山、徒步文化溯源等
	园林资源	湿地、林地、草地	徒步、穿越等
	体育赛事	森林风光、草原风光、山地、山峰、峡谷、森林、冰雪、古人类遗址等	梅里雪山大小转经、丽江户外运动登山挑战赛、迪庆徒步登山挑战赛、怒江户外穿越挑战赛、大理生态休闲体育旅游节等

4.2.3 生态休闲体育产业"体旅与农旅"融合发展的内涵

生态农业旅游隶属于生态旅游的概念,生态旅游是一种富有教育性、探险性和非消耗性的低碳旅游方式,旅游目的地通常是指自然风景异常优美、文化和历史意义突出的地区,在考虑生态环境安全的情况下以欣赏当地的自然、社会和文化历史,并以生态学和可持续发展思想为指导,处理好人与自然的关系而转变产业发展的理念与模式,尽最大努力减少旅游经济活动对环境的冲击或消极影响,进而实现人与自然、经济、社会的可持续发展。生态休闲体育旅游作为一种富有体验性的新型低碳旅游方式,以自然资源和人文资源为媒体,以体育运动(如森林旅游、登山、马拉松跑、攀岩、探险、徒步、参加体育比赛以及民族传统体育项目等)为手段,以达到强身健体、娱乐、休闲、交际之目的,是一种新型的低碳的绿色的产业发展新范式。

4.2.3.1 基于体验经济的视角

美国学者派恩和吉尔摩在《体验经济》著作中,断定"体验经济时代"已来临。从当前经济发展的趋势看,"体验经济的理论"主要观点已被人们所接受。体验经济理论认为体验既是人类对自身行为与外界环境的感知和认知的过程,还是一种可以为企业增加附加值的产品。按照体验消费者与外界环境参与程度的相关性,体验细分为教育体验、娱乐体验、审美体验和遁世体验四大类。具体表现在体验性的产品或服务方面,消费者参与生产过程是体验经济的重要标志，具有游戏化、娱乐性、参与性、虚拟性、情感性等特征。体验经济的场域是非常宽广的，涉及的教育、旅游、娱乐、体育等领域均与体验经济范畴密切联系。其中也不乏包括生态休闲体育旅游和农业生态旅游及相关的与旅游有间接或直接联系的领域。

因此，生态休闲体育旅游和农业生态旅游产业融合，既增加了生态农业产业的升级空间，又可以使观光农业、民族村寨文化、体验农业、民族传统体育文化和农业公园的价值增加。发展生态旅游，保护和改善生态，是满足人们多种休闲需求的需要，发展"农业+生态休闲体育旅游"是发展体育经济的现实选择。所以，随着经济社会的可持续发展，农业+生态休闲体育旅游在生活功能、生产功能、休闲功能和生态功能方面的体验经济效益会越来越大，以教育、旅游、娱乐、体育为主线开发的旅游产品对自然资源和人文资源的创造与提升会发挥更大的潜力，进而生产出高附加值的农业+生态休闲体育旅游产品，并实现与其他相关产业的价值共生。

4.2.3.2 基于旅游美学的视角

陈昌茂先生提出的"旅游美"，系统地论证了"旅游美"的范畴，认为旅游美有神话诗性、抒情诗性、畅爽诗性、狂欢诗性、梦幻诗性，主要表现在愿游、行游、居游、憩游、忆游等旅游节点。审美对象的旅游美有拟态景观、风景景观、环境景观、场所景观、旅游纪念品景观。审美境界的旅游美有象境、实境、艺境、场境、幻境。由此可见,"美"都源自自然与人文历史的耦合,农业生态旅游是自然之美和社会之美的产物,生态休闲体育旅游之美是自然之美和社会之美在特定区域和特定时空的耦合。生态休闲体育旅游和农业生态旅游有机融合,可以创造出更为完美的美,满足人们更高级、更具品位的审美需求,进而提升现代人的生活审美水准。

4.2.3.3 基于生态体验的视角

北京教育科学研究院刘惊铎教授撰写的《生态体验论》从"生态体验"的视域论述了生态体验模式、生态体验教育模式和生态体验德育模式。主要思想是通过亲验活动、营造体验场、开放式对话和生态位优化等环节,凸显生态知识体验学习有利于形成人格健康成长的教育情境和文化氛围,促进导引者和体验者双方激发生命潜能、陶冶健全人格。其中户外生态体验旅游是刘惊铎教授重点强调的领域之一,他认为人们在原生态的自然生态环境和民族文化生态中可以感受生命冲击的洗礼。在丰富多彩、充实饱满的生态体验活动中体验户外原生态活动的文化氛围,教育者转化为导引者,受教育者转化为体验者,导引者和体验者都亲身领悟自然和人文景观的多样化和生物多样性之美,体验者无论男女老幼都会在生命深处积淀难以忘怀的感动和阅历,将灵魂与实景融为一体。当前,城市居民生活环境已不能满足人们的需求，尤其是常年生活在水泥、钢筋等固态环境中的人们，对农村恬静的生活及良好的生态环境充满了向往。

农业生态旅游以高品位的自然生态环境、优美舒适的田园风光、特色的人文民俗风情及趣味的农事、氛围厚重的节庆体验为载体开展活动，不仅可以使人们在农业生态中获得身体体验与锻炼，还可以丰富和满足人们多样化、多层次的精神需求体验。因此，非常有必要对此大力发展，使之与生态休闲体育旅游相融合，从而催生出更多、更丰富的生态体验之美。

4.2.4 生态休闲体育产业"体旅与农旅"融合发展的机理

4.2.4.1 生态休闲体育产业"体旅与农旅"融合发展的共生理论

共生属于生物科学概念，后被众多学科吸收。目前有许多学者把共生理论提升到哲学层面的高度，认为共生理论是一种新的世界观、方法论和价值观。还有学者从产业生态学的视角认为各实体产业之间有着相互联系的共生关系，发挥着自然生态系统的功能，以确保资源效率和自然竞争更有利于相关产业的长久生存。因此，产业共生理论应运而生，主要分为共生模式、共生单元和共生环境三个方面，意指在某个共生环境中共生单元通过系统耦合进行物质、信息、能量交换、共享从而形成相对稳定的共生模式，其目标是实现互惠、互利、资源利用的最大化。随着产业制度的创新，加之产业关联和融合不断加强，各产业之间融合发展的概念得以提出，这意味着拓展了传统产业的边界。要促进生态农业旅游和生态休闲体育旅游共生融合发展，形成优势互补的产业共生协作系统，实现区域产业融合发展和资源高效利用，不仅需把握农业的生态功能、经济功能、文化功能等关键功能，还应考虑西部生态脆弱地区对实现体旅与农旅融合带来的挑战。

4.2.4.2 生态休闲体育产业"体旅与农旅"融合发展的共生环境

首先应充分利用国家政策、道路交通、信息、农耕文化广场（中心）、农业生态中心、国家公园、农业公园、住宿餐饮等基础设施硬环境。其次是地方政府应通过农业生态制度和体育赛事制度的协调创新，进行农业生态旅游和体育赛事的场地选择、赛事线路等产业发展与规划规划。最后是深挖地域民俗文化（如维西县的傈僳族民族村寨文化，"阿尺目刮"传统体育文化），打造地域农业+生态休闲体育旅游特色品牌形象，提升大区域知名度，形成主题鲜明的农业+生态休闲体育旅游的大区域特色品牌。

4.2.4.3 生态休闲体育产业"体旅与农旅"融合发展的共生实体

结合区域自然地理环境、特色农林资源、民族村寨文化、民族传统体育文化，引导县域发展"一县一品"（此处的"一县一品"是指借助区域自然资源和人文资源打造一个县域独特的生态休闲体育旅游品牌赛事),形成特色化区域观光农业、体验农业、民族村寨文化、民族传统体育文化等共生发展的局面。

4.2.4.4 生态休闲体育产业"体旅与农旅"融合发展的共生模式

以"农业生态旅游+生态休闲体育旅游赛事""生态休闲体育旅游赛事+民族村寨+民族传统体育文化"等组织模式,实现区域内传统农业生态旅游中"食、住、行、游、购、娱"旅游基本需求向"食、住、行、游、娱、养、学、农、情、奇、险、创、村"等特色旅游要素需求嫁接与融合,进而形成景观农业、文化农业、体验农业、农业公园等生态休闲体育旅游品牌吸引物,实现农业生态旅游与生态休闲体育旅游业共生的耦合产业系统。

4.2.5 生态休闲体育产业"体旅与农旅"融合发展的途径

农业生态旅游与生态休闲体育旅游融合主要包括技术融合、产品融合、组织融合、市场融合、政策融合等内容。

4.2.5.1 技术融合

技术融合是农业生态旅游与生态休闲体育旅游融合的基础。通常情况下,农业生态旅游技术创新后会使该产业的界限发生变化,从而创造出更多的旅游产品。这会使农业生态旅游与生态休闲体育旅游产业之间出现融合现象。所以,技术创新为农业生态旅游与生态休闲体育旅游提供了前提保障，当生态农业、生态休闲体育旅游技术知识不断传播后，农业生态旅游与生态休闲体育旅游的技术体系会逐渐实现融合。技术融合随之也会打破农业生态旅游与生态休闲体育旅游的界限，以确保二者之间的技术统一，当农业生态旅游与生态休闲体育旅游的技术界限逐渐消除后，新的农业生态休闲体育旅游市场空间也就出现。

4.2.5.2 产品融合

产品融合是农业生态旅游与生态休闲体育旅游融合的核心。在农业和体育资源中，将诸如重大体育赛事（城市马拉松、越野挑战赛等）、城郊大型的体育场馆及体育设施、大型农业庄园、自然和人文的健身休闲场地等这些作为生产力要素，为农业生态旅游与生态休闲体育旅游融合发展提供动力并作为共同发展的基石。在农业和体育资源利用和开发时，使上述要素成为农业生态休闲体育旅游产品的旅游吸引物，进而吸引更多的旅游者和参与者，推动区域经济社会发展，确保生态休闲体育旅游和农业生态旅游两大产业得到充分发展。

4.2.5.3 组织融合

组织融合是生态休闲体育旅游和农业生态旅游融合的载体。不同产业间的发展要依靠企业组织来保障，所以生态休闲体育旅游和农业生态旅游两大产业在实现融合时要以微观企业作为基础。当两大产业逐渐融合时，逐步会出现新的企业（如农业生态休闲体育旅游企业等），这类企业既与农业生态旅游产业有关，也与生态休闲体育旅游休闲活动产业有关，会带有这两种产业的性质，由此，这类企业的承接业务类型范围非常宽广、旅游产品也非常丰富。随着多元业务的发展其内部和外部的组织结构会得到明显改善。因此，组织融合又必须实施组织的创新融合发展，方能满足生态休闲体育旅游和农业生态旅游两大产业的融合条件，所以组织融合是产业融合的重要载体。

4.2.5.4 市场融合

市场融合是生态休闲体育旅游和农业生态旅游融合的关键。市场发展的初期阶段是"你干你的、我干我的"，中期阶段是"你中有我、我中有你"，步入市场发展的高级阶段应是"你我协同、互荣双赢"的格局。当前的生态休闲体育旅游和农业生态旅游大都处在市场发展的初期阶段，部分企业已步入市场发展的中期阶段，"你我协同、互荣共赢"的高级阶段是目标。因此，生态休闲体育旅游和农业生态旅游在实现融合时，这两大产业在市场融合过程中会出现相互渗透和辐射的现象，随之会促使这两大产业的市场耦合实现成为可能。市场融合的直接效应就是融合后旅游品牌的诞生，紧接着两大产业间的品牌、营销模式、组织运作等也整合在一起，使生态休闲体育旅游产品和农业生态旅游产品的协同性得到加强，形成具有知识产权的大品牌旅游影响力，使具有知识产权品牌的旅游产品具有强大的市场竞争力。所以，市场融合为生态休闲体育旅游和农业生态旅游两大产业的融合提供保障，同时也是促进两大产业可持续融合发展的关键。

4.2.5.5 政策融合

政策融合是生态休闲体育旅游和农业生态旅游融合的保障。要充分把握和借助国家出台的农业发展政策、体育产业政策、生态休闲体育旅游产业政策等政策，因为国家政策是引导地方政府产业发展和产业结构转变的重要依据。地方政府应根据自身其他资源和旅游资源制定经济或旅游的发展规划，以此来推动生态休闲体育旅游和农业生态旅游两大产业或其他产业联动发展。

总体来说，从体验经济、旅游美学和生态体验的视域看，这种关联的现象不仅体现在农业生态旅游所提供的乡村风光、农业文化、农业生产等旅游资源方面，还体现在农业生态旅游中融合生态休闲体育旅游活动可为二者之间创造更多的市场产品和满足人们更多的需求，还会拉动二者之间双向联系与发展。同时，农业生态旅游与生态休闲体育旅游融合是一个动态的过程，二者需在产业要素、产业结构、产业组织和产业制度之间共生融合。产业要素的融合主要围绕两大产业间的在产品、服务、技术、管理和市场等方面的相互渗透和相互促进。产业结构的融合应包含生态休闲体育旅游推动农业生态旅游从纵向裂变为横向的结构转换，也包含生态休闲体育旅游对农业生态旅游在产业结构方面的拓展与优化。产业组织的融合是不同产业主体间的交互融合共生发展，因此，不同主体间的利益需求，还应建立起优势互补、共担风险的新型合作组织形式，或直接从事跨产业经营，形成生态农业生态休闲体育旅游组织。产业制度的融合则主要表现在两大产业之间的各项政策制度衔接和配合方面。

4.3 创新发展：多业态融合视域下的运动休闲特色小镇建设

《体育强国建设纲要》指出，建设运动休闲特色小镇要紧密结合美丽宜居乡村，鼓励创建休闲健身区、功能区和田园景区，探索发展乡村健身休闲产业和建设运动休闲特色乡村，把打造10个具有示范意义的运动休闲特色小镇样板作为重大工程，建设样板应突出体育特色业态，培育体育优质业态集群，注重在融合中引领、在创新中升级，形成以传统业态"食、住、行、游、购、娱"和创新业态"商、闲、学、农、养、奇、险、情、创"多业态融合创新的综合服务体系，这种服务体系的形成不仅会让我国体育消费由商品消费向服务消费转变，而且这种多业态融合创新模式更符合消费者的需求。总而言之，多业态融合创新发展将会扩宽人民群众运动休闲的方式选择，也将提升人民群众对运动休闲的体验感。但如何整合传统业态与创新业态，使之形成多业态融合创新发展的格局，打造人民群众满意的运动休闲特色小镇新型综合体样板，是新时代运动休闲特色小镇高质量发展亟须解决的问题。

围绕运动休闲特色小镇多业态融合创新发展的重要意义及实现路径，制定以传统业态"食、住、行、游、购、娱"、创新业态"商、闲、学、农、养、奇、险、情、创"为实地考察的提纲。对云南的香格里拉市建塘、弥勒可邑、安宁温泉、马龙旧县的运动休闲特色小镇进行实地调研，与当地体育局有关负责人、企业管理高层及运动休闲旅游者进行半结构式访谈，得出共性问题：一是体育业态文化因子挖掘欠缺；二是体育业态品牌塑造单一；三是传统业态和创新业态融合发展不足。由此从多业态融合创新发展视角，为打造人民群众满意的运动休闲特色小镇提供理论和实践依据。

4.3.1 云南生态休闲体育产业多业态融合创新发展的思路

4.3.1.1 传统业态是多业态融合创新发展的基石

建设运动休闲特色小镇新型综合体样板，不仅是注重多业态融合创新的体育文化因子打造，还应注重传统业态的体育文化因子挖掘。具体做法是对传统业态的六要素深入挖掘、提炼出与运动休闲有关的体育特色业态内容，形成以体育特色业态为聚集区的融合创新环境，并与运动休闲特色小镇融合创新发展，使之成为与体育有关，满足运动休闲体验者最基本的多样化需求，是运动休闲特色小镇多业态融合创新发展的基石（见图4-1）。值得一提的是，传统业态是支撑和吸引运动休闲者参与创新业态的前提，对传统业态与运动休闲特色小镇的融合发展是留住游客并扩大体育消费的重要载体，其根本是使运动休闲者参与体验之后，对整个多业态融合创新环境产生期待和好奇，为参与到创新业态做好前期铺垫。因此，挖掘传统业态的体育文化因子与运动休闲特色小镇建设融合发展是多业态融合创新发展的基础。

4.3.1.2 创新业态是多业态融合创新发展的核心

创新业态是运动休闲特色小镇突破体育特色品牌单一困境的出口，多样化的体育特色品牌是运动休闲特色小镇的重要招牌。围绕创新业态各要素，打造体育优质业态，是创新业态实现多样化体育品牌建设的重要手段。具体做法是在实现传统业态融合发展的基础上，根据自然环境和人文环境而选择最具代表性的体育优质业态，为建设多样的运动休闲特色品牌添砖加瓦，使之成为运动休闲特色小镇最显著、最持久、最内核的体育新业态，这是创新业态融合发展的核心，也是体育资源增值和创造利润的根本。特别说明的是，创新业态各要素是运动休闲者为之向往而心动的行动指向，也是运动休闲特色小镇体育资源增值和创造利润的动力源泉，更是提质增效实现高质量发展的引领方向。

4.3.1.3 传统业态和创新业态的多业态融合创新发展

新业态是创新业态的表现形式，融合创新是形成新型产业形态和产业属性的动态过程，而多业态融合创新发展是指传统业态和创新业态中，不同产业或行业的体育优质业态和体育特色业态相互交叉、相互渗透，逐步形成现代体育消费服务业的体育多产业、体育多特色融合叠加后的动态发展过程。新业态、新特色是多业态融合创新发展模式的实现路径，致力于业态属性及形态的转变为运动休闲特色小镇多业态融合创新发展提供了新途径。因此，打造高质量的运动休闲特色小镇建设样板，既要找回传统业态的六要素缺失的体育文化因子，又要有多样的创新业态的体育品牌，以新的经营方式、经营技术、经营手段，创造出不同形式、不同商品、不同风格、不同要素组合的多业态融合创新环境，以传统业态为基础与创新业态相结合，助力多业态融合创新发展，以此满足不同地域、不同年龄阶段的顾客群体的多样化消费需求，为运动休闲特色小镇提供"体育+多业态+多特色"的多业态融合创新发展的新思想。

综上所述，运动休闲特色小镇多业态融合创新发展是指依托小镇优质、独特的自然资源和人文资源，与传统业态和创新业态相结合，挖掘出不同产业或行业的体育特色新业态，以新的经营模式融合出不同要素组合的"体育+多业态"融合创新品牌，使之形成"体育+多业态+多特色+多品牌"的融合创新聚集区和产业带。

4.3.2 多业态融合创新视域下的特色小镇建设

4.3.2.1 加快运动休闲特色小镇的建设

以运动休闲特色小镇为依托点，对传统业态的六要素内涵进行再挖掘、再改造，对创新业态各要素进行多业态融合创新发展，培育出体育特色使之成为新型综合体。新时代运动休闲特色小镇建设应以传统业态为纽带，以创新业态为文化内核。将传统业态和创新业态高度融合，为运动休闲特色小镇多业态融合创新发展注入活力，使挖掘、改造后的传统业态和创新业态渗透到运动休闲特色小镇的各个方面，满足消费者的多元消费需求，进而发展出独具特色的运动休闲特色小镇，从而提升群众运动休闲幸福感、获得感。因此，传统业态是运动休闲特色小镇的建设基础，创新业态是运动休闲特色小镇多业态融合创新的发展方向。

4.3.2.2 丰富运动休闲特色小镇的品牌

发挥传统业态和创新业态的潜力和活力，选择独具特色的品牌进行多业态融合创新叠加，是丰富运动休闲特色小镇体育品牌建设的重要路径。深挖传统业态的六要素和创新业态各要素，使传统业态和创新业态相互融合发展，形成特色鲜明的"一镇一品牌""一镇多业态""一镇多特色"的多业态融合创新空间，使之呈现出集多业态、多特色、多品牌融合叠加的新格局。为此，打造特色之貌、特色之品、特色之境、特色之味、特色之情的一体化的新型运动休闲特色小镇品牌，是推进运动休闲特色小镇高质量发展的重要举措。

4.3.2.3 推动运动休闲特色小镇多业态融合创新

多业态融合创新使运动休闲特色小镇各自独立的业态相互交叉、相互渗透，打破了运动休闲特色小镇原本模糊或消失的边界，凸显出具有传统业态和创新业态的体育经济，这将是多业态融合发展的根本目的。究其原因，从体育产业角度看，运动休闲特色小镇是我国体育新经济发展的新形式、新空间；从高质量发展的角度看，对多业态融合创新发展是使消费者获得高质量的幸福感、获得感的重要活动场域。从多业态融合创新发展的视角看，运动休闲特色小镇与独具地域特色的文化、旅游、养老、教育、农业、林业、水利等多业态融合，可实现运动休闲特色小镇与体育旅游、传媒、会展等相关业态整合共享。由此认为，提炼传统业态中的体育特色业态与创新业态中的体育优质业态是多业态融合发展的重要路径，传统业态和创新业态的融合发展是推动多业态融合创新发展的重要手段。

4.3.3 特色小镇创新发展的整体设计

4.3.3.1 改造"食和住"的生态休闲体育环境

"食"是营造与体育文化有关的饮食文化和餐饮环境，展示当地体育文化活态化的表现形式，优化某一或多个饮食产品的形成及其创造的过程，创新饮食文化体验，满足来自不同年龄段、不同文化背景、不同地域体验者的饮食需求，增加体验感、参与感和好奇感，如优化地方特色餐饮制作流程，使之凸显运动休闲体验参与的创新，以延长体验者的逗留时间。把具有地域特色代表性的体育文化元素，图案、人物、形态等融入餐饮环境，让具有体育文化的饮食文化和餐饮环境成为聚集人气的抓手。

"住"是打造与体育有关的特色住宿环境，吸引运动休闲者最为核心的传统业态，是运动休闲特色小镇的重要缩影，反映体验者对当地体育自然资源和体育人文资源获得的重要标识。"居住"的内部环境和外部空间活动环境，要体现特色主题文化和地方建筑的个性化居住设计创新。内部空间居住环境要以区域体育文化凸显"天人合一"的思想，即便在室内也可以感受到运动休闲特色小镇外部空间环境的活动气息，对外部空间活动环境的地形、地貌、水体及绿化等自然生态环境巧妙结合，打造房车营地、森林酒店、冰雪酒店、特色帐篷露营地和精品高端民宿等，提高体验者的住宿体验。

4.3.3.2 改革"行和游"的生态休闲体育方式

"行"是开发与体育有关的出行线路，利用运动休闲特色小镇的健身游览步道作为聚集人气的重要砝码，是留住体验者参与多业态融合创新的主要吸引核。要对汽车站、码头、火车站、高铁站、机场及自驾抵达运动休闲特色小镇的交通资源优化。要根据不同地质条件、不同地域特色进行景观布局，开发运动休闲型、特色娱乐型等多样融合交互发展的运动休闲特色路线，使体验者在游玩的过程中切身感受"旅速游缓"的幸福感和获得感。通过交通游憩方式的创新，打造具有区域文化特色和体现当地文化的运动休闲游憩的特色线路，如水上可以打造具有游乐化、体验化的竹筏漂流项目为体验者带来别致的体验与感受。

"游"是通过体育自然资源和体育人文资源来突破单一"观光游"的业态形式。体育自然资源要突破静态观光的限制，以创新运动休闲特色小镇的开发模式，使体验者主动参与，进而增强自身的体验感。如通过体育旅游景观设计、举办体育赛事和大型体育活动，满足体验者运动、探险、探奇和休闲等需求。体育人文资源创新开发要尽可能全面地反映民族文化特色、地方特色资源，把特色业态导入运动休闲特色小镇建设中，注重个性的特色资源开发，成为"优特独奇"的体育吸引物，以体育旅游业态来优化运动休闲特色小镇品牌影响力。

4.3.3.3 扩展"购和娱"的体育消费边界

"购"是扩展多种经营方式和宣传渠道，提高运动休闲特色小镇购买服务和体育消费，实现多业态融合创新发展的重要举措。经营方式上，一是业态整合，把"运动休闲+体育精英文化的衣食住行"融入大众化视野进行创意化开发；二是空间整合，把运动休闲特色小镇与特色景点、资源、市场之间进行串联和共享，体验运动休闲特色；三是时间整合，打造"四季特色体验、白天运动休闲、晚上美食夜景"的理念，对某一时段及不同空间进行运动休闲业态特色的主题整合；四是技术整合，引入信息技术和网络技术，从内容展现形式、运动休闲体验方式和目的地营销方式上，提升特色资源增强知名度。宣传渠道上，打造与运动休闲特色小镇有关的文字、视频、音频等特色资源，通过"三微一端"（微信、微博、微视频和客户端）进行宣传，利用线上引流、线下体验相结合新模式，进而提高体验者的满意度。

"娱"是以体育娱乐为特点的健身休闲娱乐体验、运动休闲文化体验和运动休闲娱乐体验的融合创新。健身休闲娱乐体验包含运动温泉疗养和运动生活调解，可以满足大众健身旅游者和中老年人运动疗养的健身需求。运动休闲文化体验是把竞赛、技巧、竞技等与有代表性的民族文化、地方特色和运动休闲文化融合，成为具有大众参与娱乐的体验。运动休闲娱乐体验包含体育游乐区、体育休闲区和体育休闲景区体验，决定了体验者停留时间的长短，是提高体育消费、提升体验者体验感的有效补充。

4.3.3.4 改良"商与闲"的休闲体育功能

"商"是指体育与商务的融合，以体育会展和运动休闲培训为目的，与体育游览、运动休闲观光等结合起来的一种运动休闲新业态。开发不同形式、不同档次，适应不同人群的产品，形成多业态融合创新的运动休闲产业聚集地，打造运动休闲培训会展+温泉、运动休闲培训会展+滑雪、运动休闲培训会展+中医养生、运动休闲培训会展+体育赛事、运动休闲培训会展+特色节庆、运动休闲培训会展+体育文化演出、运动休闲学术会议+商业投资的多种融合模式。

"闲"是指体育与休闲的融合，打造凸显大众性、体验性、参与性、消费性、综合性的运动休闲体验、赛事休闲体验和运动休闲综合服务体验，对体验者产生重复性的吸引而带动其综合性的体育消费。首先是依托室内和室外的运动休闲场地，创新深度体验、深度参与，打造冰雪运动休闲旅游综合体、山地运动休闲旅游综合体等一体化的运动休闲综合体。其次是依托运动休闲教育培训和运动休闲赛事，创新自然景区与人造景点，打造具有市场吸引力的特色运动休闲培训体系和有影响力的运动休闲优质赛事服务圈。最后是依托运动休闲服务和体育节庆营销，打造以营利为目的的智慧化管理体系，发展全体育产业和全域体育旅游发展的产业链，形成多维度全方位以体验者为主的体育智慧管理营销矩阵和体验。

4.3.3.5 完善"学与农"的生态休闲体育教育

"学"是指体育与研学的融合，以凸显运动性、娱乐性、休闲性、教育性和体验性为一体的运动+休闲+教育+娱乐+旅行组合的运动休闲研学。打造运动休闲娱乐性为主的研学课堂，应以体育扶贫、生态体育园，彩虹滑道等为体验的研学，实现置身于自然环境、体验乡土风情的休闲娱乐。打造运动休闲教育性的研学课堂应以红色体育研学旅行、体育博物馆深度游等实现切身感受传统文化、寓教于乐的休闲教育。打造运动休闲体验性的研学课堂，应以小中大学体育研学旅行基地为切入点，实现运动休闲主题性、线路性和体验性的创新。总之，将体育研学旅行的内涵，从"运动、休闲、旅行和学习合一"向"知行合一"提升，形成可观、可感、可玩和可学的体育研学旅行业态。

"农"是指体育与农业的融合，打造以运动休闲特色元素与传统农业相结合的新模式，使之成为集生产、生活、生态于一体的现代运动休闲特色农业。产业创意整合，打造运动休闲农业观光体验的融合，使运动休闲健身步道融入农业花田、花海、梯田，提升农业景观的可体验性和观赏性。动静结合创意，把体育的动态特征与农业观光资源的静态特征相结合，打造农耕体育文化体验园、运动休闲农业生态园等，使游客有一种新鲜奇特的特别体验感。时尚化创意，把手工性、体验性的体育元素融入地方特色农副产品，作为吸引消费者的优质业态。运动休闲农业节庆创意，打造以运动休闲+农业为主题的环花海、环花卉的自行车赛事、马拉松跑的运动休闲新模式。

4.3.3.6 升级体育养生方式

创新原生态体育、祭祀体育活动和民俗活动，把原生态体育、运动体验、休闲度假优化成"静、动、闲"三要素相结合的新业态形式，打造武僧团巡回表演、少林武术表演等新业态，使其更具观赏型和体验性，激发和满足运动休闲体验者观光、求知、审美心理需求。

"养"是指体育与养生的融合，以体育养生为指引，满足老年群体、中年群体和青少年群体的健康和精神享受。一是打造运动休闲康体特色小镇，发展定向运动、山地自行车、高尔夫球、滑雪、射箭、拓展、马术、非动力运动等；二是打造运动休闲疗养特色小镇，倡导运动养生的健康生活方式，发展以运动养心为创新的体育精神文化度假小镇；三是打造以运动养老为创新的体育度假养老居住小镇，发展以运动养颜为创新的颜值双修小镇。将体育养生贯穿全产业链，形成一种别具一格的运动休闲养生方式。

4.3.3.7 革新"奇与险"的休闲运动体验

"奇"是指体育与探奇的融合，体育探奇类似又有别于体育科普，强调的是以探索、探秘为主题，开展既有求美、求知、求新、求秘、求变等特征的探奇活动，又有新奇体验性质的奇幻体育旅游。以体育自然景观和人造景观相结合，打造玻璃栈道、高空观景台等奇幻景观，融入探奇求美的徒步线路。以体育自然资源的森林风光、古树名木、草原风光等，打造骑游、驾车、高尔夫、滑草、野营、野餐和休闲等探索求知类的运动休闲体验项目。以体育人文历史与体育遗址有关的古建筑、古道路（茶马古道和古丝绸之路等）、古代溜索、奇幻溶洞和古城镇，打造文化溯源等求新探索探秘活动。以文化娱乐的动物园、植物园、军事体验营地、游乐场和文化体育设施等，打造狩猎、休闲和体育观光等活动平台。以体育+VR体验（虚拟现实技术），开展虚拟环境下的体育攀岩等体育电子竞技活动。

"险"是指体育与探险的融合，体育探险类似又有别于探奇，强调以极限探险体验为主题，既有求雄、求峻、求极、求险等特征，又有独特神秘、强度较大的探险旅游。一是开展极限探险体验活动，该活动对体育自然资源的探险价值、独特神秘度、奇险刺激程度等有着极高的要求，其所具有的不可替代性决定了产品的打造方向；二是打造极限探险项目，如对徒步穿越路线、漂流基地、蹦极、滑翔基地、翼装飞行、高山滑雪场、攀岩运动基地和高空跳伞俱乐部等进行创新；三是打造极限体育赛事活动，对野外生存训练竞赛、拉力赛和马拉松赛事等进行创新，根据其体育资源的特点从点、线、面三个方面进行赛事路线的优化设计创新。

4.3.3.8 开创"情与创"的生态休闲体育生活

"情"是指体育与情感的融合，打造以运动休闲特色小镇为情感牵挂的特色目的地，开发以运动休闲为特色"情"的口碑、市场、产品、氛围和根基的策略，形成以运动休闲为特色的情感维系和心灵追求的"情感旅游"口碑效应。为老年人设计民族民俗体育风情游、候鸟避寒运动休闲游和康体养生的运动休闲模式；为中年人设计亲子游、家庭休闲度假游和子女教育游的骑行自驾游、四季冰雪运动游和体育文化博览游等；为青年人设计运动休闲爱情婚恋游和骑行自驾游等体育产品。对运动休闲特色小镇营造一种震撼、温馨、愉快、祥和、美妙、浪漫、舒适、甜蜜、奇特、运动、休闲的环境氛围，打造幸福之旅、运动之旅、健康之旅和梦里之旅的运动休闲环境。全方位、全时空地提升体验者的运动休闲幸福感、获得感，使运动休闲体验者满怀期待地参与，乐在其中地感受，意犹未尽地离开。

"创"是指体育与文创的融合，是对运动休闲文化要素进行创意性的开发，以体育文创活动实践体育文创体验，打造体育文化创造为核心的特色文化。体育物质文创体验，应选择最具代表性的体育自然和体育人文景观，以特别的图案设计奖牌、奖品及设计体育品牌活动的全过程。体育制度文创体验，是对参加某地方或区域体育品牌赛事的运动员或家属，提供一定期限的景观景点免费参观的优惠政策，或对于快速回答举办体育赛事的精神、口号及一定数量景点名称的游客给予一定的优惠支持。体育教育文创体验，是以运动休闲+抗战或远征军等方式，打造体育教育文化赛事品牌。值得一提的是，体育文创活动是致力于突破静态发展模式，遵循"体育文化梳理—体育文化提炼—体育文化内涵挖掘—体育创意植入—实现体育文化活态发展"，使单纯的技能展示凸显体育文创的创意。如在自然环境独特的沙漠地区，依托独特的沙漠环境，举办沙漠健身休闲大赛，如沙滩排球、沙漠马拉松、爬沙丘、拉沙舟等系列体育特色品牌赛事,使枯燥无味的沙漠焕发活力,让游客体验到与其他环境不同魅力的同时,实实在在地感受到体育赛事的精髓和沙漠的独特性。

5 未来展望

云南山水秀美多姿、民族特色气息浓郁,迎来了体育赛事旅游、运动休闲旅游等多样融合发展的主题旅游大兴的机遇期。主题旅游对云南生态休闲体育产业高质量发展提出了新的挑战,因而需以传统业态"食、住、行、游、购、娱"为融合创新发展的基石,创新业态"商、闲、学、农、养、奇、险、情、创"为融合创新发展的核心,使传统业态和创新业态结合,形成多业态融合创新的发展格局。

5.1 转变云南生态休闲体育产业的发展观念

大力扶持云南生态休闲体育产业,加快市场管理体制改革步伐,改革以前运营方式,选择不同层次的目标进行适当的分层管理,及时调整完善市场管理机制,健全相关制度,形成全方位多层次的制度体系。体育行政部门要正确把握休闲体育发展的规律,认识到休闲体育产业发展是以市场为导向,逐渐改变完全依靠政府办体育的观念,逐步做到非营利性、福利性体育事业依靠政府公共财政提供资金的模式,向大力发展提供营利性非公共产品的休闲体育产业转变。

5.2 创造具有云南民族特色的新兴生态休闲体育产业

利用好云南现有的资源积极举办外国和外省的大型赛事，推进生态休闲体育在云南发展的商业化进程。大力发展休闲体育不仅可以拉动当地经济发展，为生态城市建设奠定物质基础，也可以培养群众的休闲意识，及时转变群众传统消费观念，鼓励群众绿色消费，让群众明白大力发展休闲体育是坚持绿色消费最好的实践途径。休闲体育场地设施建设可以循环使用，场地设施的定期维护所造成的损耗也相对较低，并且大部分休闲体育运动都具备耗能低、污染小的特质，像越野、户外运动、骑行等这种绿色的出行方式，更符合绿色发展的需要。更重要的是，群众在参与休闲体育运动中也可以提高自身素质，养成健康的生活习惯，增强体魄，从而自觉养成保护生态环境的习惯。只有这样，才能从根本上保证具有民族特色的新兴生态休闲体育产业建设得更加完善。

5.3 加强云南生态休闲体育产业的专业队伍建设

加强对生态休闲体育产业从业人员的系统化培训，提高从业人员的整体实力和素质。坚持"引进来,走出去"相结合,积极引进外省或外国优秀人才以及他们成功的管理经验来促进云南生态休闲体育产业的持续发展。

5.4 拓宽和引导生态休闲体育产业的宣传渠道

应加强民族体育文化的宣传与教育。相关部门可通过媒体宣传、活动展示、开展健身知识讲座、举办传统文化报告等形式来宣传少数民族族传统体育文化,不断提高其知名度和影响力,并充分利用民族文化的凝聚力,利用有关活动本身具有的健身、娱乐、教育、竞技功能吸引广大群众积极参与。

参考文献

中文文献：

[1]马克思，恩格斯.马克思恩格斯全集（第26卷，第3分册）[M].北京：人民出版社，1975：281-282.

[2]马惠娣，刘耳.西方休闲学研究述评[J].自然辩证法研究，2001（5）：45.

[3][美]托马斯·古德尔，杰弗瑞·戈比.人类思想史中的休闲[M].昆明：云南人民出版社，2000：118-119.

[4][美]约翰·凯利.走向自由：休闲社会学新论[M].昆明：云南人民出版社，2000：20-22.

[5]马惠娣.文化精神之域的休闲理论初探[J].齐鲁学刊，1998（3）：90-107.

[6]楼嘉军.休闲初探[J].桂林旅游高等专科学校学报，2000（2）：5-9.

[7]许斗斗.休闲之消费与人的价值存在[J].自然辩证法研究，2001（5）：50-53.

[8]季忠.休闲的哲学意义[J].自然辩证法研究，2001（5）：64.

[9]张云飞.生态理性：生态文明建设的路径选择[J].中国特色社会主义研究，2015（1）：88-92.

[10]马惠娣.中国学术界首次聚焦休闲理论问题研究："2002-中国：休闲与社会进步学术研讨会"综述[J].自然辩证法研究，2003（02）：80-84.

[11]包庆德，叶立国.生态休闲与休闲经济[J].自然辩证法研究，2003（09）：17-20.

[12]李舒婷."生态休闲"：人类生存方式的复归[J].云南社会主义学院学报，2014（04）：316-317.

[13]解芳.生态休闲之浅析[J].科技经济市场，2008（01）：60-61.

[14]卢长宝.体育赞助营销策略研究：基于品牌形象转移理论[J].北京体育大学学报，2011，34（04）：19-22.

[15]范松仁.欠发达地区农民休闲问题研究：以江西为例[J].求实，2010（07）：91-95.

[16]陈柳钦.未来产业发展的新趋势：集群化、融合化和生态化[J].商业经济与管理，2006（1）：30-34.

[17]孙明泉.乡村休闲产业发展的动力源泉和产业扶助[J].生产力研究，2007（8）：29-30.

[18]杨彬.多维视角下休闲体育的价值与发展研究[D].芜湖：安徽师范大学，2005.

[19]成金华,陈军,李悦.中国生态文明发展水平测度与分析[J].数量经济技术经济研究,2013(7):36-50.

[20]石姣娜.基于生态文明理念体育旅游的发展方式研究[J].旅游纵览(下半月),2016(7):227-228.

[21]张强,邓忠伟,陈浩."生态文明"战略机遇期体育健身旅游资源开发与环境保护创新研究:以我国世界遗产地为例[J].北京体育大学学报,2016(12):28-36.

[22]盛建国,赵同庆,袁兴亮.生态体育旅游的价值表现及开发策略[J].武汉体育学院学报,2019(6):38-43.

[23]王海英.产业融合理论下生态体育旅游资源开发研究:以中国著名旅游景区华山为例[J].经济研究导刊,2018(2):108-109.

[24]姜付高.体育旅游概念的哲学思辨[J].首都体育学院学报,2005(4):30-31.

[25]昌晶亮,徐虹.体育旅游与相关概念辨析及其概念界定[J].成都体育学院学报,2006(5):24-26.

[26]韩鲁安.再论体育旅游的定义[J].体育研究与教育,2012(4):26-31.

[27]邓凤莲.中国体育旅游人文资源评价指标体系与评价量表研制[J].北京体育大学学报,2014(1):58-63.

[28]宛霞.体育旅游资源分类新论[J].体育文化导刊,2012

（7）：86-89.

[29]崔瑞华,卢函,王泽宇,等.我国滨海体育旅游支撑条件评价[J].地域研究与开发,2018（1）：98-102.

[30]任婵娟,袁书琪.天然体育旅游资源开发评价体系的构建[J].重庆师范大学学报（自然科学版）,2008（4）：96-100.

[31]唐磊,张沙.基于多级可拓模型的民族地区体育旅游产业竞争力评价[J].哈尔滨体育学院学报,2020（1）：42-49.

[32]杨静.基于AHP的唐山市体育旅游资源定量评价研究[J].中国农学通报,2010（16）：420-423.

[33]赵悌金,王世超.体育旅游适宜度评价体系构建及实证研究[J].大理大学学报,2019（6）：81-88.

[34]朱露晓,王婷,张蕾.云南傣族体育旅游资源产品化开发的评价研究[J].云南师范大学学报（自然科学版）,2017（4）：71-78.

[35]吴文庆,沈涵,吉琛佳,等.水利生态旅游开发潜力的评价指标体系研究[J].管理世界,2012（3）：184-185.

[36]吕建树,刘洋,张祖陆,等.鲁北滨海湿地生态旅游资源开发潜力评价及开发策略[J].资源科学,2011（9）：1788-1798.

[37]韩春鲜.基于旅游资源优势度差异的新疆旅游经济发展空间分析[J].经济地理,2009（5）：871-875.

[38]席建超,葛全胜,成升魁,等.旅游资源群:概念特征、空间结构、开发潜力研究:以全国汉地佛教寺院旅游资源为例[J].资源科学,2004(1):91-98.

[39]姚志强,胡文海.基于GIS的池州市旅游资源群开发潜力评价[J].地理与地理信息科学,2012(2):89-93.

[40]蒋勇军,况明生,齐代华,等.基于GIS的重庆市旅游资源评价、分析与规划研究[J].自然资源学报,2004(1):38-46.

[41]侯赟慧.从商业生态系统角度谈企业管理[J].特区经济,2004(10):79-80.

[42]张林,戴健,陈融.我国职业体育俱乐部运行机制研究[J].体育科学,2001,21(4):11-14.

[43]孟潋蕾,朝克.发展生态产业促进经济发展方式转变[J].学术探索,2015(6):40-46.

[44]刘友金,胡黎明,赵瑞霞.基于产品内分工的国际产业转移新趋势研究动态[J].经济学动态,2011(3):101-105.

[45]杨肖敏.论国际产业转移对我国外贸发展的影响[J].图书情报导刊,2005,15(5):117-118.

[46]文红梅.城郊生态休闲体育产业发展的驱动力研究[J].河南教育学院学报(自然科学版),2016(04):83-85,89.

[47]李芳,易嵘,李庆雷."一带一路"背景下云南边境旅

游发展策略研究[J].湖北农业科学,2017,56(11):2195-2200.

[48]孟欣欣.滇西北休闲体育发展的SWOT分析与目标定位[J].大理大学学报,2014,13(6):78-80.

[49]孙玲玲,彭亮,杨学明.浅析生态体育旅游经济的发展战略[J].中国商论,2012(15):169-170.

[50]闫巧珍.生态学视域下云南少数民族传统体育旅游的资源转化[J].鄂州大学学报,2014,21(9):99-101.

[51]黄佺,欧光龙,刘雪飞.滇西北体育旅游资源研究[J].体育文化导刊,2016(09).

[52]陈柳钦.产业发展的集群化、融合化和生态化[J].经济与管理研究,2006(1):56-60.

[53]赵清波,赵伟.发达国家体育产业发展的特点及模式带来的启示[J].北京体育大学学报,2004,27(10):1313-1315.

[54]柳鸣毅,丁煌,张毅恒.我国运动休闲特色小镇产业演化机制、运作体系与治理路径[J].天津体育学院学报,2019,34(02):144-149.

[55]邵翔,罗曙霞.产业价值链运动三规律:分解、融合、新业态[J].中国科技成果,2014,(7):4-6.

[56]白惠丰,孟春雷.新常态背景下运动休闲特色小镇创建问题及路径研究[J].体育文化导刊,2018(03):87-91.

[57]周鸿璋,刘周敏,罗镇宇.运动休闲特色小镇培育发展

现状：基于四个案例的研究[J].吉林体育学院学报，2019（06）：23-27.

[58]王志文，沈克印.产业融合视角下运动休闲特色小镇建设研究[J].体育文化导刊，2018（01）：77-81.

[59]唐元超，蒋东升，黄书朋，等.跨界与融合：运动休闲特色小镇发展思考：基于青岛温泉田横体育小镇的案例解析[J].体育成人教育学刊，2019，35（01）：49-51.

[60]陈宝珠.我国体育旅游开发与对策研究[J].北京体育大学学报，2007（01）：30-32.

[61]闫亚茹，柳鸣毅，张毅恒，等.基于战略路线图我国运动休闲特色小镇治理路径研究[J].南京体育学院学报，2018，1（01）：23-30.

[62]张朋，冯媛媛.论休闲、休闲参与及休闲阻碍[J].军事体育学报，2013，32（04）：93-96.

[63]王学彬，项贤林.体育特色小镇建设：域外经验与中国路径[J].上海体育学院学报，2018，42（04）：62-67，80.

[64]金媛媛，王淑芳.乡村振兴战略背景下生态旅游产业与健康产业的融合发展研究[J].生态经济，2020，36（01）：138-143.

[65]申军波.春节情感旅游产品的开发策略[N].中国旅游报，2019-01-29（003）.

[66]张雷.运动休闲特色小镇：概念、类型与发展路径[J].体

育科学，2018，38（01）：18-26，41.

[67]明庆忠，李婷.基于大健康产业的健康地理学与健康旅游发展研究[J].学术探索，2019（01）：96-106.

[68]倪郭明，朱菊萍，李思慧.大健康产业发展的国际经验及其对我国的启示[J].卫生经济研究，2018（12）：64-68.

[69]李江，刘文蕾，梁钰.中国大健康产业全要素生产率分析[J].中国人口、资源与环境，2015，25（S2）：62-64.

[70]于光远，马惠娣.关于"闲暇"与"休闲"两个概念的对话录[J].自然辩证法研究，2006（09）：86-91，114.

[71]李再永.增加就业的新途径：休闲产业[J].山西财经大学学报，1999（S1）：7-8.

[72]刘华平.21世纪初的中国休闲体育[J].北京体育大学学报，2000（01）：15-16.

[73]田慧，周虹.休闲、休闲体育及其在中国的发展趋势[J].体育科学，2006（04）：67-70.

[74]陈玉忠.论休闲体育与体育休闲[J].上海体育学院学报，2010，34（01）：25-28，33.

[75]常乃军，乔玉成.社会转型视域下城市休闲体育生活空间的重构[J].体育科学，2011，31（12）：14-20，72.

英文文献：

[1]B.G. PITTS, D.K. STOTLAR. Fundamentals of sport marketing (the fourth edition)[M]. Morgantown：Fitness information technology, 2013：5.

[2]MARY A. HUMS, CAROL A.. The ethical issues confronting managers in the sport industry [J]. Journal of business ethics, 1999, 20（1）：51.

[3]A. MEEK. An estimate of the size and supported economic activity of the sports industry in the United States [J]. Sport marketing quarterly, 1997, 35（2）：7.

[4]K.KAPLANIDOU, K.ALEXANDRIS. Marketing sport event tourism：sport tourist behaviors and destination provisions [J]. Sport marketing quarterly, 2017, 23（3）：125-131.